생각이
크는
인문학

감정

생각이 크는 인문학_감정

지은이 이지영
그린이 이진아

1판 1쇄 발행 2015년 6월 30일
1판 11쇄 발행 2024년 1월 1일

펴낸이 김영곤
키즈사업본부장 김수경
에듀3팀 이영애
아동마케팅영업본부장 변유경
아동마케팅1팀 김영남 정성은 손용우 최윤아 송혜수
아동마케팅2팀 임동렬 이해림 최윤아
아동영업팀 강경남 오은희 황성진 김규희 양슬기
디자인팀 이찬형

펴낸곳 (주)북이십일 을파소
출판등록 2000년 5월 6일 제406-2003-061호
주소 (우 10881) 경기도 파주시 회동길 201(문발동)
연락처 031-955-2100(대표) 031-955-2177(팩스)
홈페이지 www.book21.com

ⓒ 이지영, 2015

ISBN 978-89-509-5939-5 43180

KC
• 제조자명 : (주)북이십일
• 주소 및 전화번호 : 경기도 파주시 회동길 201(문발동) / 031-955-2100
• 제조연월 : 2024. 01.
• 제조국명 : 대한민국
• 사용연령 : 8세 이상 어린이 제품

생각이 크는 인문학

7 감정

글 이지영 **그림** 이진아

을파소

목차

4장
감정에게 무엇을 해 줘야 할까요?

5장
감정을 어떻게 다뤄야 할까요?

6장

어떻게 해야 감정의 주인이
될 수 있을까요?

감정의 주인이 되려면 어떻게 해야 할까?

'희로애락'이라는 사자성어가 있지요. 이 말처럼 살면서 기쁨과 행복을 느낄 때도 있고, 화를 느낄 때도 있으며, 슬픔을 느낄 때도 있습니다. 우리가 느낀 감정은 어떤 모습의 삶을 살았는지를 보여 주지요.

아동기와 청소년기를 겪으면서 사는 것이 쉽지만은 않다는 것을 느꼈고, 20대에 들어설 무렵 그 이유가 바로 삶 속에서 느껴온 감정 때문이라는 것을 깨달았습니다. 긴장되고 불안해서 힘들었고, 화가 나서 힘들었으며, 부끄럽고 수치스러워 고통스러웠습니다. 그래서 차라리 감정을 느끼지 않았으면 하는 순간들도 있었지요.

감정이 불편한 사람들은 "몰라. 난 아무렇지 않아"라며 감정을 무작정 무시하고 억누릅니다. 때로는 감정의 소용돌이에 휘말려 꼼짝도 못하고 허우적거리기도 하지요. 여

8

러분은 어떤가요? 감정과 잘 지내고 있나요? 한번 떠올려 보세요. 지나친 긴장감과 불안으로 발표를 망친 적은 없는지, 갑자기 불같이 화를 내어 친구들과의 관계가 틀어진 적은 없는지, 전혀 그럴 분위기가 아닌데 울음이 터져 주변을 당황스럽게 만든 적은 없는지.

감정이란 무엇일까요? 우리 삶에 늘 함께하는 감정과 어떻게 지내야 할까요?

저는 감정이 궁금해졌습니다. 그리고 정확히 알고 싶어졌지요. 심리학을 공부하면서 20년 가까이 감정을 연구한 결과 놀라운 사실을 알게 되었어요. 누구나 살면서 한 번쯤 이런 상상을 해 보았을 것입니다.

"아, 내가 어디로 가야 할지 알려 주는 나침반이 있었으면 좋겠다."

"무엇이든지 내가 원하는 것을 이뤄 주는 요술 램프가 있다면 얼마나 좋을까?"

미처 모르고 있었지만 우리는 모두 각자 인생에 걸맞는 인생의 나침반과 요술 램프를 가지고 있답니다. 그건 바로 감정이에요. 감정은 어떻게 말하고 행동해야 할지, 무엇을 선택해야 할지, 어디로 가야 할지 우리에게 알려 주지요. 원하는 것을 이루도록 해 주기도 하고요.

저는 여러분이 마음속 깊이 먼지더미 속에 버려두었던 감정을 발견하고, 인생의 나침반과 요술 램프로 사용할 수 있도록 방법을 알려드리고자 합니다. 그 방법은 감정을 제대로 이해하고, 활용하며, 잘 다루어 감정의 주인이 되는 것입니다. 감정의 주인이 되면 막연하고 험난한 인생의 바다 위에서 방향을 헤매지 않고, 바라는 것을 이룰 수 있지요.

이 책을 읽는 여러분 모두 감정의 주인이 되어 바라는 것을 이루며 당당히 인생의 바다를 항해하길 기대합니다.

2015년
이지영

감정을 느끼지 않는 사람이 있을까요?

과연 감정을 느끼지 않는 사람이 있을까요? 여러분은 어떻
게 생각하세요? 다른 사람에 비해서 감정에 무딘 사람은
있겠지만, 감정을 전혀 느끼지 못하는 사람은 없습니다. 인
간이라면 누구나 하루에도 여러 번 감정을 느끼고 그것에
반응하며 살아갑니다. 그만큼 감정은 우리 삶에서 떼어 놓
고 생각할 수 없는 것이지요.

"엄마는 항상 동생만 예뻐하세요. 정말 속상해요."
수호는 초등학교 2학년입니다. 부모님은 몇 년 전에 태어
난 동생을 돌보느라, 수호에게 별로 신경 쓰지 못합니다.
"수호는 이제 다 컸잖아. 동생은 아가니까 돌봄이 많이
필요하단다."
이렇게 말씀하시며 동생만 예뻐하는 부모님에게 수호는

서운함을 느낍니다. 또 "수호가 형이니까 동생에게 잘해 줘야지. 양보해야지. 참아야지"라는 말을 들을 때마다, '나는 왜 항상 참고 양보해야 하는데?'라는 생각이 들고 속상합니다. 수호가 잘못해서 혼나고 있을 때, 옆에서 천진하게 웃으며 장난치는 동생을 보면 화가 나기도 합니다.

"내일이 시험인데, 자꾸 긴장되고 가슴이 두근거려요."

찬열이는 학업에 지나치게 관심이 많은 엄마가 부담스럽습니다. 엄마의 기대를 저버리지 않기 위해 평소에도 열심히 노력하지만, 생각만큼 결과는 좋지 않습니다. 시험 성적이 좋지 않으면, 엄마는 크게 실망하고, 찬열이를 비난하며, 화를 내기 일쑤입니다.

"찬열이 너를 위해서 아빠 엄마가 얼마나 많이 희생하는데, 이렇게밖에 못하니?"

이런 얘기를 들을 때면, 찬열이는 주눅이 들고 죄책감마저 듭니다. 내일은 시험날입니다. 찬열이는 시험 전날만 되면 심하게 긴장되고, 떨리며, 부담스러워 잠을 자지 못합니다. 밤새도록 '실수를 하면 어쩌지? 시험을 잘 못 보면 어쩌지? 내가 모르는 문제가 나오면 어쩌지?' 하며 머릿속에서 걱정이 떠나지 않습니다. 찬열이는 지금 굉장히 불안합니다.

"친한 친구가 며칠 전에 멀리 전학을 갔어요. 가슴이 답답하고 허전해요. 기운도 없고요."

수지에겐 오랜 단짝 친구 현주가 있었습니다. 언제나 둘은 함께였습니다. 등교도 같이 하고, 화장실도 같이 갔으며, 방과 후엔 숙제도 함께했습니다. 그런데 갑작스럽게 현주 아버지가 직장을 옮기는 바람에, 현주네 가족 모두 이사를 갔습니다. 현주 또한 전학을 가게 되었지요. 수지와 현주는 계속 연락하자며 굳게 서로 약속했지만, 수지는 현주의 빈자리가 너무도 크게 느껴집니다. 수지는 오늘도 혼자 등교하고, 화장실도 혼자 가며, 숙제도 혼자 합니다. 수지는 자꾸만 혼자 남겨진 것 같이 느껴지고, 허전하며, 현주가 그립습니다. 기운도 없고 가끔씩 울컥하며 눈물이 올라오곤 합니다. 수지는 지금 슬픕니다.

"선생님께서 오늘 잘했다며 아이들 앞에서 칭찬해 주셨어요. 어깨가 으쓱거리고 기뻐서 날아갈 것 같아요."

재현이는 글 쓰는 것을 좋아합니다. 하지만 엄마는 학교 성적에 더 관심이 많고, 재현이의 글에는 별다른 관심이 없습니다. 재현이는 그런 엄마에게 서운함을 느끼며, 자신의 글이 누군가로부터 인정받길 간절히 바랐습니다. 그러던 중

교내 글쓰기 대회에서 재현이의 글이 당당하게 뽑힌 것입니다. 선생님은 아이들 앞에서 재현이의 글에 대해 칭찬했고, 재현이는 자신의 재능과 그동안의 노력이 인정받은 것만 같아 기쁘고 즐거웠습니다. 어서 집에 가서 엄마에게 자랑하고 싶은 마음에 엉덩이가 들썩였습니다.

이처럼 여러분이 매일 느끼고 있는 것이 바로 감정입니다. 그런데 감정이 늘 반가운 것만은 아닙니다. 재현이처럼 좋은 일을 겪어 기쁘고 즐거운 감정을 느낄 때는 마냥 좋습니다. 행복하지요. 그러나 동생 때문에 서운하고 화가 난 수호와, 시험을 앞두고 긴장과 불안을 느끼는 찬열이는 감정 때문에 더욱 속상하고 힘듭니다. 감정을 느끼지 않았으면 하는 마음이 굴뚝같습니다. 수지처럼 슬픔에 눈물이 흐르고 가슴 어딘가 뻥 뚫린 듯한 허전함을 느낄 때는 더욱 괴롭습니다. 그럴 때면 "감정을 느끼지 않았으면", "감정이란 것이 없었으면" 하는 마음이 들기도 합니다.

그래서 일부러 감정을 느끼지 않으려고 애써 담담한 척을 해 보기도 합니다.

"뭘 그런 걸 가지고 그래? 난 별로 신경 쓰지 않아."

또는 "난 화나지 않았어", "난 슬프지 않아"라고 하면서 감정을 무시하거나 참으려 애쓰기도 합니다. 자신은 감정에 연연해하지 않는 쿨한 사람이라고 주장하기도 합니다.

"난 서운하지 않아. 난 쿨한 사람이니까."

"뭐 그럴 수도 있지. 난 개의치 않아."

그렇다면 감정은 꼭 필요한 것일까요? 일부 사람들의 희망처럼 감정을 느끼지 않거나 없앨 수는 없을까요?

감정이란 무엇일까요?

감정이 우리의 삶에 꼭 필요한 것인지, 그리고 왜 발생하는지에 대해서 얘기하기 전에 감정이란 무엇인지 그 정체에 대해서 먼저 간단하게 얘기할까 합니다. 우리 모두는 감정이 무엇인지 알고 있습니다. 감정이 무엇이냐고 물으면, 대부분 이렇게 대답합니다.

"행복, 기쁨, 슬픔, 불안, 분노. 이런 게 감정 아니에요?"

그러나 감정의 정의를 물으면 어떻게 설명해야 할지 몰라 당황스러워하지요. 감정을 알고는 있지만, 동시에 그것이 무엇인지 제대로 알지 못하는 사람이 대부분이기 때문입니다.

학자들도 마찬가지였습니다. 감정의 정의에 대한 의견이 분분했지요. 그중에서 사람들에게 가장 많이 받아들여진 정의는 니코 프리다*가 1986년에 제안한 것이었습니다. 프리다는 인간의 정서에 대해 관심을 갖고 평생 정서 연구에 매진한 대표적인 학자였어요. 그는 각 감정들이 갖고 있는 표정이나 행동 경향 등에 집중했는데, 이러한 연구를 바탕으로 감정을 정의하는 데 세 가지 요소를 제안했습니다.

첫째, 감정은 자극이나 대상이 개인의 관심사나 목표와 관련될 때 일어납니다. 초롱이는 차마 고백은 못 했지만, 종현이를 오랫동안 짝사랑했습니다. 그런데 종현이가 같은 반 현아와 사귀기로 했다는 것을 알게 되었지요. 초롱이는 허탈하고 슬펐습니다. 만약 초롱이가 종현이에게 관심이 없었다면, 종현이와 현아가 사귀기로 한 사건에 별다른 감정을 느끼지 않았을 것입니다.

둘째, 각 감정은 감정이 일어나는 즉시 특정 행동을 하게 만드는 특징이 있습니다. 예를 들어, 두려움을 느끼면 자신도 모르게 몸이 얼어버리거나, 그곳으로부터 벗어나기 위해

도망가려 합니다. 부끄러움을 느끼면, 얼굴을 숙이고 자세를 낮추며 자신의 몸을 숨기려고 합니다.

셋째, 각 감정마다 독특한 신체적 변화, 표정, 몸짓이 함께 나타납니다. 예를 들어, 화가 나면 신체에서는 심장 박동이 빨라지고, 혈압이 올라가며, 호흡이 빨라지는 변화가 나타납니다. 표정은 찡그려지고 붉게 달아오릅니다. 주먹을 쥐는 등 공격적인 몸짓을 보이기도 합니다.

그럼 감정과 정서, 기분이나 느낌은 어떻게 다른 걸까요? 모두 일상생활에서 감정을 나타낼 때 자주 쓰이는 단어들이지요. 일단 학자들은 이 네 가지를 서로 다르게 구분하고 있는데, 흥미로운 것은 학자들마다 조금씩 견해가 다르다는 것입니다. 대체적으로 다음과 같이 구분됩니다. 우리가 흔히 말하는 감정은 학자들에게는 이모션(emotion)이라는 단어이며, 우리말로 정서라고 번역되는 용어랍니다. 반면, 우리말로 감정이라고 번역되는 단어 어펙트(affect)는 학문적으로는 주로 생리적 측면을 강조할 때 사용합니다. "요새 기분이 어때?", "너 요즘 기분이 안 좋은 것 같아." 이때의 기분은 무드(mood)라고 하는데, 비교적 오랜 기간 동안 시작도 끝도 모르게 약하게 지속되고 있는 상태를 뜻하지요.

감정은 기분과 달리 니코 프리다가 제안한 첫 번째 정의에 서처럼 분명히 감정을 일으키는 자극(감정 유발 자극)이 있고, 시작과 끝이 있습니다. 마지막으로 느낌은 필링(feeling)으로 주관적인 측면이 좀 더 강조될 때 사용합니다.

그런데 일상생활에서는 이들 용어에 대한 구분이 거의 없이 사용되고 있으며, 특히 감정과 정서는 거의 똑같은 의미로 사용되고 있지요. 다만, 학문적인 용어로 인식되는 정서보다 좀 더 친숙한 느낌을 주는 감정이란 용어가 일상적으로 더 많이 쓰이고 있는 게 현실입니다.

우리는 어떤 감정을 느낄까요?

어린아이들에게 감정이 어떠냐고 물어보면, 아이들은 "기분 나빠", "기분 좋아"라고 크게 두 가지로 구분하여 대답합니다. 그러나 조금 더 자라면, "화나", "불안해", "슬퍼"와 같이 부정적인 감정 안에서도 분노, 불안, 슬픔 등으로 구분하고, 긍정적인 감정 안에서도 편안함, 행복, 감동, 흥미 등의 다양한 감정으로 구분합니다. 더 나아가면 같은 종류의 감정 안에서, 예를 들어 분노 안에서도 그 정도나 색깔에 따라서 짜증, 분함, 성남, 분개, 격분 등으로 섬세하게 구분하여 표현할 수 있습니다.

감정은 크게 유쾌한 감정과 불쾌한 감정으로 구분할 수 있습니다. 유발 자극이 자신의 바람을 이루는 방향으로 작용할 때는 유쾌한 감정을, 방해하는 방향으로 작용할 때는 불쾌한 감정을 느낍니다. 보통 유쾌한 감정을 긍정적인 감정으로, 불쾌한 감정을 부정적인 감정으로 표현하지요.

그러나 긍정적, 부정적이라는 표현이 약간의 오해를 불러일으킬 수 있습니다. 부정적인 감정이 자칫 불필요하거나 느껴서는 안 되는 나쁜 것이라고 여겨질 수 있기 때문입니다. 하지만 모든 감정은 우리가 살아가는 데 필요하기 때문에 느끼는 것입니다. 불쾌한 감정 또한 생존과 적응을 돕기 위해 생긴 것입니다. 그 감정이 주는 정보를 파악하여 잘 활용하면 살아가는 데 큰 도움이 됩니다.

감정단어목록(78쪽~79쪽)을 살펴보면 감정을 표현하는 단어들이 굉장히 많다는 것에 놀랄 것입니다. 유쾌한 감정도, 불쾌한 감정도 그 종류가 굉장히 많습니다. 또한 각 감정마다 그 정도와 색깔에 따라서 조금씩 다르게 표현된다는 것도 알 수 있지요. 여기에서는 우리가 자주 느끼는 대표적인

주요한 감정 몇 가지에 대해서 살펴보도록 하겠습니다.

❶ 화

인간이 살아가는 동안 가장 자주 느끼는 감정이 뭘까요? 바로 화가 아닐까 싶습니다. 화라는 감정은 자신의 경계가 침범당하고 공격받을 때, 자신의 목표, 즉 원하는 것이 방해받을 때, 자존심이 상했을 때 주로 발생합니다.

모든 사람은 자신만의 경계가 있습니다. 보아는 수첩, 필통, 샤프, 지우개 등 자신의 물건에 대해 애착이 많습니다. 친구는 물론이고 엄마조차 자신의 물건을 만지는 게 싫습니다. 그래서 며칠 전, 자신의 책상 위에 올려놓은 물건들을 정리한 엄마에게 화를 냈습니다. 즉, 보아는 자신의 경계 안에 있는 물건을 누군가가 만지자, 자신의 경계를 침범당한 것이라고 생각해서 화가 난 것입니다.

아가는 배가 고픈데 곧바로 젖을 주지 않으니 화가 나서 울음을 터뜨립니다. 자고 싶은데 편안하게 잠잘 수 있는 자세를 만들어 주지 않으니 신경질이 납니다. 좀 더 크면 장난감을 갖고 놀고 싶은데, 밥을 먹으라니 화가 나지요. 이렇게 누군가 원하는 일을 못하게 할 때, 뜻대로 일이 풀리지 않을 때, 짜증이나 신경질이 나고 화가 납니다.

그러나 살아가면서 자신의 뜻대로 되지 않는 일들이 너무 많다는 것을 깨닫게 됩니다. "그래, 뜻대로 안될 수도 있지"라고 생각하며 상황을 수긍하다 보면 점차 화나는 횟수가 줄어들게 되지요. 하지만 어른이 되었음에도 여전히 아이의 마음으로 매사에 화내는 사람들을 만나곤 합니다. 이런 사람들은 다른 사람이 자신과 같이 생각지 않거나 자신이 기대하는 반응을 해 주지 않으면 화를 내 버립니다. 이들은 모든 것이 자신의 뜻대로 이뤄져야 하고, 다른 사람의 사정이란 있을 수 없으며, 배려는 생각조차 할 수 없습니다.

★ **자존감** 자신의 가치, 능력 등에서 자신을 높이 평가하고 스스로를 존중하고 사랑하는 마음을 말한다. 반면, 자존심은 다른 사람 앞에서 자신의 가치나 능력 등의 존중감을 지키고자 하는 마음이다.

상대방의 말이나 행동에 화를 느끼는 가장 주된 이유 중 하나는 무시당했다고 생각하기 때문입니다. "나를 무시해서 저런 거야"라고 생각하면 자존심이 상하고 자존감*에 손상이 생기고 화가 납니다.

화 자체는 우리의 몸과 마음이 상처받지 않도록 보호하기 위한 것입니다. 상대방에게 화난 표정이나 행동 등의 공격성을 갖고 대항함으로써 자신을 보호하는 것이지요.

친구의 놀림으로 인해 마음이 상했을 때, 화가 났음을 표현하면 친구가 더 이상 놀리지 않는 경우가 많습니다. 즉 화를 통해 자신의 마음이 상처받는 것을 멈출 수 있지요. 반면 계속된 놀림에도 화를 내지 않으면, 친구의 놀림은 멈추지 않을 것이고 마음의 상처와 고통은 깊어집니다.

화가 나면 신체적으로 흥분되고 긴장됩니다. 맥박과 호흡 등이 빨라지고 얼굴은 뻘겋게 달아오릅니다. 또한 화나게 한 대상에게 보복하고자 합니다. 피리 부는 사나이는 쥐 떼를 마을에서 없애 주었음에도 불구하고 약속을 지키지 않는 시장에게 몹시 화가 났습니다. 사나이는 약속을 지키지 않은 대가를 치르게 하겠다며 복수를 다짐하지요. 어느 날 다시 나타난 사나이는 피리 소리를 통해 온 마을의 아이들을 숲속으로 데리고 가 버렸습니다. 마을 사람들에게서 아이들을 빼앗아가 버린 거지요.

화난 사람은 다양한 방법으로 보복을 시도합니다. 그 사람에게 직접 화를 냄으로써 마음에 상처를 입히기도 하고, 다른 친구들에게 그 친구에 대한 욕을 하거나 안 좋은 얘기를 함으로써 은밀하게 해를 입히기도 합니다.

❷ 불안과 두려움

여러분은 자라면서 불안을 자주 느낄 것입니다. 불안이란 미래의 위험이나 위협에 대한 걱정이 일으키는 감정입니다. 아직 경험해 보지 않은 것이 너무나 많기 때문에, 어떤 일이 일어날지 모르고, 이 일이 나중에 어떠한 결과와 영향을 가져올지 모르기 때문에 불안을 느끼는 것이지요. "엄마가 다시 돌아오지 않으면 어떡하지?", "정말 나를 갖다 버리면 어떡하지?", "일이 잘못되면 어떡하지?", "안 좋은 일이 일어나면 어떡하지?"

이런 막연한 불안감은 성장하는 동안 하나씩 경험하고 배워 나가며 점차 감소합니다. 그 어떤 일이라도 세상이 끝날 만큼 큰일은 아님을, 그 당시 아무리 크게 걱정하고 불안해하던 일도 훗날 돌아보면 별것 아님을, 시간이 지나면 결국 이 모든 일이 지나간다는 것을 깨우치기 때문이지요.

걱정하는 위험이나 위협의 영역은 다양합니다. 개나 거미, 주사, 피 등 어떤 특정한 대상을 두려워하는 경우는 특정공포증이라고 합니다. 다른 사람에게 부정적인 평가를 받을 것이 두려워, 사람들과 어울리거나 사람들 앞에서 발표하는 상황을 두려워하는 경우 사회불안, 심하면 사회공포증이라고 합니다. 특정 생각이나 행동을 반복함으로써 불안을 회피하려는 강박증도 있습니다.

불안이나 두려움을 느끼면, 신체적으로는 근육이 긴장하고 호흡과 심장 박동이 빨라집니다. 식은땀이 나기도 하고, 소화가 잘 안되며, 손발이 차가워집니다. 온통 두려워하는 것과 관련된 자극에 주의가 쏠리고, 걱정이 자꾸 떠오릅니다.

화와 마찬가지로 불안과 두려움 또한 생존과 적응을 위해 존재합니다. 빨간불을 켜서 미래에 있을지도 모르는 위험이나 위협을 알리는 기능을 하는 것이지요. 즉 우리는 빨간불에 반응해서 불안이나 두려운 일이 일어날 것 같은 상황을 회피하거나 다른 대처를 하며 위험으로부터 자신을 지킬 수 있는 것입니다.

적당한 불안은 삶에 도움이 되기도 합니다. 적당한 불안을 느끼게 되면 미래의 위험으로부터 자신을 보호하기 위해 알맞은 대책을 세우게 됩니다. 시험 기간에 불안을 느끼면 그 불안을 없애기 위해 열심히 공부하게 되는 것처럼 말이지요.

그러나 지나치게 심한 불안을 느끼게 되면 감정 장치가 심각한 위기 상황으로 인식하고 반응합니다. 그러면 생각을 담당하는 뇌 부위가 억제됨으로써 집중도 잘 되지 않고, 공부도 잘 되지 않습니다.

❸ 슬픔

살다 보면 슬플 때가 종종 있습니다. 친한 친구가 멀리 이사를 갈 때, 할머니가 돌아가셨을 때 우리는 슬픔을 느낍니다. 그 사람과 함께한 즐겁고 소중했던 시간으로 다시는 돌아갈 수 없기 때문이지요. 애완동물을 잃어버렸을 때, 아끼던 물건을 잃어버렸을 때도 슬픕니다. 이처럼 슬픔은 소중한 무언가를 잃어버렸을 때 느낍니다. 잃어버린 그 무언가가 원래 상태로 다시는 돌아오지 않을 때 슬픔은 더욱 큽니다. 시험 성적이 안 좋거나, 시합에서 지거나, 합격하지 못했을 때도 슬픕니다. 이는 자신이 바라는 목표와 이상을 이루지 못하게 되어, 꿈을 잃어버렸기 때문입니다.

슬플 때는 신체적으로 모든 것이 느려집니다. 혈압이 낮아지고, 근육이 이완되며, 활동성이 줄어듭니다. 아무것도 하고 싶지가 않습니다. 아침에 일어나기도 싫고, 식욕이 떨어져서 밥 먹기도 싫으며, 기력이 없습니다. 여러분의 나이 때에는 슬플 때 반대로 짜증이나 화를 내기도 하고, 말썽을 피우거나 폭식을 하기도 합니다. 이는 슬프고 괴로운 마음을 어떻게 표현해야 할지 모르기 때문입니다. 슬플 때는 전반적으로 침울하고 의기소침하며, 아무것도 할 수 없다는 무력감을 느끼기도 하고, 가슴 한 구석이 뻥 뚫린 것처

럼 허한 느낌, 즉 공허감을 느끼기도 합니다. 자주 눈시울
이 붉어지고 눈물이 흐르기도 합니다.

슬픔 또한 우리의 삶에 도움이 되는 적응적인 기능을 합
니다. 슬플 때 사람들은 보통 혼자 있으려고 하고 다른 사
람들과의 만남을 피합니다. 그 시간에 떠나간 대상과 잃어
버린 것에 대해 돌아보고 애도함으로써, 스스로 슬픈 경험
을 받아들이고 떠나보낼 수 있게 됩니다. 이때 자신과 주
변을 돌아보며, 자신이 어떻게 살았는지, 주변에 누가 있는
지, 앞으로 어떻게 살아야 할지 등 자신의 삶을 돌아보며
생각할 기회를 갖습니다.

또한 슬픔은 다른 사람들로부터 보호와 돌봄을 끌어내
어 대인 관계를 돈독하게 만들어 줍니다. 신데렐라가 다락
방에서 슬피 울 때마다 쥐들이 나타나 춤을 추고 재주도
넘으며 신데렐라를 웃게 해 주었습니다. 또 신데렐라가 무
도회에 갈 수 없어 울자, 쥐들은 신데렐라에게 드레스를 만
들어 주었습니다. 요정도 황금마차를 만들어 무도회에 갈
수 있도록 도와주었지요. 이처럼 사람들은 슬퍼하는 사람
에게 안타까움을 느끼며, 얘기를 들어 주고 따뜻하게 챙겨
주려 합니다. 이때 더욱 끈끈하고 친밀한 관계가 맺어지기
도 하고 새로운 친구를 만나기도 합니다.

❹ 수치심

수치심 역시 성장기인 여러분이 자주 느끼게 되는 감정 중 하나입니다. 자의식이 점차 높아지면서 다른 사람에게 자신이 어떻게 보이는지에 대해서도 관심이 증가합니다. 수치심은 다른 사람들 앞에서 놀림, 멸시, 비난, 창피를 당했을 때 느끼는 감정입니다. 친구들 앞에서 놀림을 당할 때, 친구들 앞에서 선생님의 질문에 대답을 잘 못했을 때, 고백한 친구에게 거절당한 것이 소문났을 때 등 누군가 자신을 우습게 보거나 못났다고 생각할 때 심하게 부끄러움, 즉 수치심을 느낍니다.

수치심은 가장 고통스러운 감정 중 하나입니다. 수치심을 느끼면 괴롭고 고통스러우며 어디론가 숨고 싶은 마음이 듭니다. 그래서 우리는 수치심이나 부끄러움을 느낄 때 얼굴이 붉어지고, 고개를 숙이며, 몸을 감추려 하지요.

수치심 자체는 다른 사람들에게 놀림이나 멸시를 받지 않도록 자신을 숨겨 보호하는 역할을 합니다. 또한 수치심을 느끼지 않기 위해, 다른 사람들 앞에서 평가를 받을 때 보다 열심히 준비하고 공부하여 자신의 가치를 높이는 역할도 합니다. 벌거벗은 임금님은 사기꾼들에게 속아 옷을 입지 않았음에도 불구하고, 멋진 새 옷을 입었다고 생각합니다. 백성들 앞에서 행진하던 중에야 비로소 자신이 속았을 뿐 아니라 벌거벗은 상태라는 것을 알았지요. 사람들의 비웃음 소리에 임금님은 무척 수치스러웠습니다. 하지만 그 수치심 덕분에 다시는 새 옷 타령을 하지 않고, 열심히 나랏일을 하는 좋은 임금님이 됩니다.

한편, "나는 쓸모없고 무가치해"라고 지나치게 자신을 부정적으로 생각하고, 그럴 필요가 없는 상황에서도 수시로 수치심을 느끼며 고통스러워하는 사람들이 있습니다. "난 뚱뚱해. 아이들이 비웃을 거야", "난 키가 작아. 창피해", "난 말을 잘 못해. 우습게 볼 거야" 하고 말이지요. 이들은 자신에게서 수많은 결점을 발견하고 완벽해지려 애씁니다.

우리 모두는 불완전한 존재입니다. 키가 작을 수도 있고, 말을 잘 못할 수도 있으며, 뚱뚱할 수도 있고 실수를 할 수도 있습니다. 그것은 결함도, 비웃음을 살 만한 일도 아닙니다. 그저 우리의 불완전한 모습일 뿐입니다. 우리 자신의 모습을 받아들이고 인정한다면 수치심을 덜 느낄 수 있습니다.

❺ 행복

기쁨과 행복을 느끼면 느낄수록 우리의 삶은 풍요로워지고,

몸과 마음도 건강해집니다. 그러니 행복은 자주 느끼면 좋겠지요. 어떻게 하면 기쁨과 행복을 느낄 수 있을까요? 흥미롭게도 연구에 따르면, 불쾌한 감정들과 달리 기쁨과 행복을 일으키는 외부 자극이나 상황은 특징지어지지 않기 때문에, "이럴 때 기쁘고 행복하다"라고 말하기 어렵습니다.

즉, 특정 사건이나 상황이 행복감을 주는 게 아니라, 그 사건이나 상황을 주관적으로 어떻게 받아들이느냐에 따라서 얼마든지 행복을 느낄 수 있는 것입니다. 실제로 유대인 학살이 집행되었던 나치수용소의 포로, 시한부 인생을 사는 사람들 중에서도 행복을 느낀 사람이 많았다고 합니다.

그렇다면 행복을 느낄 수 있게 해 주는 중요한 요인은 뭘까요? 그것은 바로 만족이랍니다. 물이 반쯤 차 있는 유리잔을 보고 소은이는 "뭐야, 물이 반밖에 없잖아"라고 생각하고, 정음이는 "와, 물이 반이나 있네"라고 생각합니다. 행복은 욕구가 충족될 때 느끼는 감정으로, "이 정도면 괜찮아", "난 최선을 다했으니까 됐어"라고 생각하며, 정음이처럼 주어진 것에 만족할수록 행복감을 더 많이 느끼게 마련이지요.

그러니 사소한 것부터 만족하는 연습을 시작해 보면 어떨까요? "맛있는 아침을 먹을 수 있다니 행복하다", "친구와 함께 학교에 갈 수 있어서 행복하다", "엄마 아빠가 나를 사랑해 주시니 행복하다", "그래도 성적이 바닥을 치진 않아서 다행이다", "다음에 또 기회가 있으니 다행이다", "난 운동을 잘해서 다행이다."

감정은 왜 생기는 걸까요?

이 질문에 대해 어떤 친구들은 이렇게 말할지 모릅니다.

"감정이 생기는데 무슨 이유가 있어요? 그냥 그렇게 느끼는 것 아니에요?"

실제로 주변에서 이런 반응을 보이는 친구들을 자주 접할 수 있습니다. 얼굴 표정이 안 좋은 친구에게, "무슨 일 있었어? 표정이 왜 그렇게 안 좋니?"라고 물으면, "아무 일도 없었어" 또는 "그냥"이라고 대답합니다. 화난 표정의 아이에게 "화난 것 같은데, 무슨 일 있었어?"라고 걱정스럽게 물어도, "아무 일도 없었어", "무슨 이유가 있어? 그냥 그런 거지"라고 대답하곤 합니다.

그런데 이 모든 답변은 맞지 않습니다. 왜냐하면 모든 감정이 발생한 데에는 원인이 있기 때문입니다. 어쩌면 "몰라요"가 맞는 답일지도 모릅니다. 그때그때 느껴지는 감정의 원인을 제대로 알려고 하지 않았으니까요.

감정이 왜 발생하는지에 대해서는 바로 프리다의 감정에 대한 정의 첫 번째 요소에 나와 있습니다. 어떤 자극이나 상황이 개인적으로 관심이 있거나 바라는 것과 관련되어 있다고 생각하는 순간 감정이 발생하는 것입니다. 만약 학교 앞 문구점이 문을 열지 않은 것을 보았을 때, 오늘 가져가야 할 준비물을 미리 챙기지 못한 채 등교하고 있는 상황이라면 굉장히 당황스럽고 불안함을 느낄 것입니다. 반면 빠뜨린 준비물이 없다면 별다른 감정을 느끼지 않은 채 지나쳐 갈 것입니다.

감정이 느껴질 땐 그것을 일으킨 자극이 반드시 있습니다. 그 자극은 쉽게 인식할 수 있을 만큼 클 수도 있습니다. 하지만 눈치채기 어려울 만큼 아주 사소한 것일 수도 있습니다. 친구의 말 한마디, 부모님의 행동 하나, 어떤 상황, 무심코 떠오른 머릿속 장면이나 생각처럼 말이지요.

감정을 일으키는 자극이 우리가 바라는 방향으로 작용한다면, 기쁨이나 즐거움 같은 유쾌한 감정을 느낄 것입니다. 반면, 우리가 바라는 방향을 방해하는 쪽으로 작용한다면, 불안, 실망, 슬픔, 화와 같은 불쾌한 감정을 느

끼게 되겠지요. 예를 들어, 닫힌 문구점이라는 자극은 준비물을 사야 하는 목표를 방해하는 쪽으로 작용하고 있기 때문에 불안이라는 부정적인 감정을 느끼게 합니다. 반면, 교내 글짓기에서 뽑혀 칭찬을 받은 일은 글로 인정받고자 하는 재현이의 바람을 이루는 방향으로 작용한 것이기에 기쁨과 같은 긍정적인 감정을 느끼게 하지요.

지금 감정을 느끼고 있다면, 그 감정을 일으킨 자극이 무엇인지 주변을 둘러보세요. 마음속으로 거슬러 올라가 보세요. 무슨 일들이 있었는지 뒤돌아보세요. 그리고 짐작 가는 것이 있다면, 그것과 관련해서 무엇을 바라고 있었는지 마음을 들여다보세요. 짐작 가는 그 무엇이 여러분이 바라는 것에 어떤 영향을 미쳤는지 판단해 보세요. 바라는 것에 도움이 되는 방향으로 영향을 끼쳤는지, 도움이 되지 않는 방향으로 영향을 끼쳤는지 말입니다.

감정은 마음 안에 바라는 것이 있을 때 발생합니다. 바라는 것이 없다면, 관심이 없다면, 욕구가 없다면 발생하지 않습니다. 그러나 그런 삶을 살 수 있을까요? 그리고 과연 바라는 것이 없는 삶, 감정을 느끼지 않는 삶이 좋을까요? 살아가는 데 도움이 될까요?

감정이 이성보다 덜 중요할까요?

감정을 불편해하는 사람들은 대개 이성을 강조하곤 합니다. 슬픔이나 분노 등의 감정을 느끼거나 표현하는 것을 참고 억누르려고 합니다. 다른 사람에게도 "왜 그렇게 감정적이니?", "이성적으로 행동해야지"라고 말하면서 함부로 감정을 표현하지 않도록 주의를 주곤 합니다. 이런 태도에는 감정에 대한 부정적인 인식이 깔려 있습니다.

이런 감정에 대한 부정적인 인식은 그 역사가 굉장히 오래되었습니다. 언제부터 감정에 대해 부정적이었는지 정확히 알 수는 없지만, 그리스 철학자들은 감정에 대해 부정적인 태도를 노골적으로 드러냈지요. 플라톤, 아리스토텔레스 등 유명한 철학자들이 활동하던 그리스 시대에는 이성을 비탕으로 한 철학이 가장 중요했습니다.

그런데 흔히 화가 잔뜩 나거나 심하게 불안하거나 누군가를 사랑하면, 이성적으로 생각하지 못할 때가 있습니다. 그리스 철학자들의 입장에서는 화, 불안, 사랑 등의 감정이 이성적인 사고를 방해하는 것으로 여겨진 것이지요. 그래서 그 시대에는 감정이 겉으로 드러나지 않도록 참고 익누르라고 가르쳤답니다. 이런 입장이 지금까지 이어져 오면서,

감정은 마치 이성을 방해하는 비합리적인 것이고, 감정을 느끼거나 드러내는 것은 바람직하지 않으며 열등한 일이라고 생각하는 분위기가 남아 있습니다.

그런데 과연 감정이 이들의 생각처럼 이성을 방해하는 비합리적인 것일까요? 열등한 것일까요? 그래서 참고 억눌러야 하는 것일까요? 이 질문들에 대한 답은 결코 그렇지 않다는 것입니다. 감정은 비합리적인 것도, 합리적인 것도 아닙니다. 무조건 참고 억눌러야 하는 것도 아닙니다. 감정에 반응하는 것도 결코 열등한 것이 아닙니다.

★ 진화론 생물은 환경에 적응하면서, 단순한 것에서 복잡한 것으로 진화하며 생존 경쟁에서 보다 적합한 것은 살아남고 그렇지 못한 것은 도태된다는 학설이다.
★ 찰스 다윈 (Charles R. Darwin, 1809~1882) 영국의 철학자로, 생물진화론을 정립하였다.

감정에 대한 부정적인 인식을 깨뜨리기 시작한 사람은 바로 진화론★을 주장한 다윈★이었습니다. 다윈은 진화론의 입장에서 감정이 인간이라는 생물체가 주변 환경에 적응할 수 있도록 돕는 역할을 한다고 보았습니다. 불안이나 두려움과 같은 감정을 느끼기 때문에, 위험으로부터 자신을 보호하기 위한 행동을 취하여 살아남을 수 있고, 화라는 감정을 느낌으로써 위협을 극복하고 자신을 보호할 수 있는 것입니다. 또한 막 태어난 아가는 미소와 웃음을 지음으로써 보호자인 엄마로부터 애정과 사랑을 이끌어 내 보호받으며 성장할 수 있고, 울음을 통해서 자신에게 불편하거나 해가 될 수 있는 상황으로부터 벗어날 수 있습니다.

감정은 우리 인간들이 환경으로부터 생존하고 환경에 적응할 수 있도록 돕기 위해 고안되어 장착된 장치랍니다. 따라서 감정이 생존과 적응에 기여할 수 있도록 이성보다 먼저 작동하는 것입니다.

공룡이 멀리서 걸어오고 있다고 가정해 봅시다. 소리가 들리지는 않지만, 미약하게 진동이 느껴질 수 있습니다. 그 진동을 느낀 원시인은 진동이 왜 생긴 것인지는 모르지만 알지 못하는 공포감을 느끼게 됩니다. 공포감을 느끼면, 닥칠 위험을 직감해 일단 도망가 숨는 행동을 취하게 됩니다. 그렇게 먼저 공포감을 느끼고 반응하여 도망간 원시인은 살아남을 확률이 크고, 별다른 감정을 느끼지 못하거나 뒤늦게 판단하여 도망치는 원시인은 공룡에게 밟혀 죽을 가능성이 보다 클 것입니다. 이처럼 감정이 느껴지면, 감정이 이끄는 대로 몸이 즉각적으로 반응해야 살아남을 가능성이 높아집니다.

화가 잔뜩 나 있을 때, 곁에서 "이건 이런 거고, 저건 저런 거잖아"라고 아무리 얘기해도 전혀 귀에 들어오지 않습

니다. 불안에 떨고 있는데, "이렇게 생각해 봐"라고 하는 얘기는 그저 먼 울림으로 다가옵니다. 이런 모습에 대해 어떤 사람들은 "감정적으로 행동하지 마. 이성적으로 생각해야지"라고 나무라기도 합니다. 그러나 이는 감정적인 사람이어서도 아니고, 부족하거나 열등한 사람이어서도 결코 아닙니다. 그저 생물학적으로 화나 불안과 같은 감정이 강렬하게 느껴질 때에는 일시적으로 이성적인 생각이 억제되게끔 만들어졌기 때문입니다. 감정이 강렬할수록 우리 몸은 생존이나 적응과 관련된 위기 상황으로 파악하여 감정 장치에 빨간불을 켭니다. 그리고 감정에 즉각 반응하기 위해 이성적인 생각을 잠시 막는 것이지요.

유천이는 어렸을 때부터 감수성이 뛰어난 편이었습니다. 행복, 슬픔, 두려움 등의 감정이 느껴지는 것을 잘 알아차렸고, 표현도 잘 했습니다. 다른 친구들이 슬퍼할 때는 그 마음을 잘 공감해 주었고, 걱정하고 불안해할 때는 잘 다독여 주었습니다. 유천이는 놀기도 잘 놉니다. 친구들과 어울릴 때 유쾌한 유머로 분위기를 주도합니다. 게다가 노래도 잘하고 춤도 잘 추는 편입니다. 친구들은 유천이를 좋아하면서도, 한편으로는 "유천이는 감성적인 것 같아. 이성적이지는 않을 거야"라는 선입견을 갖고 있습니다.

그러나 유천이는 공부 또한 잘 하는 편이고, 논리를 요구하는 학업에도 어려워하지 않습니다. 입시를 위해 다니는 논리 학원에서도 뛰어난 논리력으로 주목을 받았습니다. 선생님까지 유천이의 언변에 대해 거듭 칭찬하며 이렇게 평했습니다.

"유천이는 참 논리적이야. 저런 아이들은 감수성이 좀 떨어지지."

이렇듯 사람들은 감성이 뛰어나면 이성은 부족할 거라 예상하고, 이성이 뛰어나면 감성은 떨어질 거라 생각합니다. 과연 그럴까요? 감성이란 외부 자극에 대해 반응하는 신체 감각 기관의 예민한 정도를 말합니다. 우리의 신체 감각은 다양한 자극에 반응해서 변화가 나타납니다. 그 신체 감각의 변화를 잘 알아차린다면, 그와 밀접한 관련이 있는 감정 또한 잘 느끼고 알아차립니다. 이성이란 개념적으로 사유하는 능력으로, 생각하고 판단하며 추리하는 것을 말합니다. 사전적으로 이성의 반대말은 감성입니다. 그런데 실제로도 감성과 이성은 개념과 마찬가지로 한쪽이 강하면 한쪽이 약한 관계일까요?

답을 먼저 하자면 결코 그렇지 않습니다. 감성과 이성 모두 인간이 살아갈 수 있도록 돕기 위해 만들어진 별개의 장치입니다. 감성은 생존과 적응을 위해 필요한 장치이고, 이성은 인간을 보다 인간답게 살 수 있도록 만드는 장치입니다. 감정을 조절하는 데 있어서도 이 두 가지는 함께 작용합니다. 감정이 발생했을 때 감성은 감정을 느끼고 표현하는 과정을 주로 담당하고, 이성은 감정이 주는 정보를 파악하고 활용하는 데 중요한 역할을 합니다. 즉, 감정의 요구대로 표현하는 작업은 감성이 주로 맡고, 감정을 떠나보낸 후 그 감정의 원인을 이해하는 작업은 이성이 주로 맡지요.

이처럼 감정을 조절하는 데에 있어서도 감성과 이성 모두가 필요합니다. 감성도 뛰어나고 이성도 뛰어날 때에만 우리 삶의 벗인 감정을 잘 활용할 수 있을 뿐 아니라, 그 감정을 잘 다루고 조절하며 살아갈 수 있는 것입니다. 따라서 감성과 이성을 모두 함께 키우고 발달시켜야 합니다.

2장

감정은
어떤 역할을 할까요?

휴, 감정 때문에 살았어요

2장에서는 감정이 왜 필요한지에 대해, 감정이 우리 삶에서 어떤 역할을 하고 어떤 도움을 주는지를 구체적으로 살펴보고자 합니다.

앞에서 감정은 인간이 생존하고 환경에 적응할 수 있도록 돕기 위해 만들어진 장치라는 얘기를 했습니다. 니코 프리다의 감정에 대한 정의 두 번째를 보면, 감정은 특정한 행동을 일으키는 경향이 있습니다. 어떤 감정이 발생하면 신체는 생존을 위해서 즉각적으로 그 감정에 따라 생리적 변화를 일으키고 빠르게 특정한 행동을 준비하거나 억제합니다. 이때 이성은 억제되고 몸은 우선적으로 감정에 반응합니다. 이런 측면으로 인해 감정은 그 순간 인간이 우선적으로 취해야 할 목표를 세워 주고, 그 목표를 달성하는 데 필요한 행동을 하도록 만듭니다.

민혁이는 가족들과 함께 계곡으로 여행을 가는 중에 가슴을 쓸어내리는 아찔한 일을 겪었습니다. 그날은 천둥 번개를 동반한 엄청난 폭우가 쏟아지는 통에, 한낮에도 앞이 잘 보이지 않을 만큼 어둑어둑했습니다. 목적지가 강원도 산골이라서, 고불고불한 길이 계속 이어졌습니다. 민혁이는 갑자기 안 좋은 일이 일어날 것 같은 불길한 느낌이 들기 시작했습니다. 몸은 긴장되고 가슴도 떨리기 시작했습니다. 앞좌석에 앉아 있는 엄마를 보니 엄마의 표정도 많이 어두워 보였습니다.

"엄마 아빠. 이상하게 불길한 느낌이 계속 들어. 비가 그치고 좀 밝아지면 가자. 너무 무서워. 무섭단 말이야."

아빠는 애써 태연한 척하면서 "괜찮아. 무슨 일이 있겠어?"라고 말하며 민혁이를 안심시키려 했습니다. 그러자 조용히 앉아 있던 엄마가 말했습니다.

"여보, 나도 좀 불안해. 민혁이 말대로 날이 좀 개면 가요. 여기서 잠깐 눈 좀 붙이고 갑시다."

아빠는 엄마까지 나서자, 하는 수 없다는 듯이 갓길에 차를 세웠습니다. 모두 일찍 출발한 데다 긴장을 많이 한 탓에 금방 잠이 들고 말았습니다.

한참을 자고 깨어나 보니 어느새 비가 그치고 날이 좀

개어 있었습니다. 바깥에서 아빠와 엄마의 목소리가 들렸습니다. 차 밖으로 나간 민혁이도 눈앞에 펼쳐진 광경을 보고 놀랄 수밖에 없었습니다. 최근에 계속 내린 폭우로 도로가 심하게 망가져 있었기 때문이지요. 민혁이네가 가고 있는 방향의 도로 역시 깊이 패여 있었고, 바로 옆에는 깊은 낭떠러지까지 있었습니다.

온 가족이 끔찍한 일을 피할 수 있었던 것은 바로 감정 때문이었습니다. 두려움이라는 감정은 위험을 알리는 신호를 보내, 그 자리에 멈춰 서거나 그 자리를 벗어나게 합니다. 민혁이가 느낀 불길함과 두려움에 반응한 민혁이네는 그 자리에 멈추어 위험에서 벗어날 수 있었습니다.

감정은 우리에게 정보를 줘요!

세상을 살아간다는 것은 때로는 푸른 바다 위에서 항해하는 것과 같습니다. '응애' 하고 울면서 태어난 세상은 온통 처음 맞이하는 것들뿐입니다. 커 가면서 '이제는 좀 알 것 같아'라는 생각이 드는 순간, 또 다른 낯선 상황이 펼쳐지고 어떻게 대응해야 할지 몰라 당황스럽습니다. 나이를 먹는다는 것은 푸른 바다 위에 지표를 하나씩 만들어 가는 것입니다. 아무리 나이를 먹어도, 또다시 부닥치는 새로운 상황에 느껴지는 막막함은 피할 수 없습니다.

그럴 때면 간절한 소원을 갖게 됩니다. "아, 내 곁에 어디로 가야 할지, 무엇을 해야 할지, 어떻게 대처해야 할지 알려 주는 인생의 안내자가 있으면 얼마나 좋을까?"라고요. 물론 어릴 때는 보호자인 부모님이 그 역할을 해 주기도 합니다. 그러나 조금만 크게 되면, 부모님이 모든 상황에서 안내자의 역할을 할 수도 없을 뿐더러, 좋은 안내자 역할을 하지 못하는 경우도 종종 생깁니다. 그럴 때면 친구나 선생님 등 주변 사람들에게 눈을 돌리게 되지요. 그런데 좌절스럽게도, 그 누구도 내 삶의 안내자 역할을 계속해 줄 수 없습니다.

푸른 바다를 항해하며 방향을 정할 수 있는 것은 나침반이 있기 때문입니다. 우리 삶에도 나침반이 있습니다. 그것은 바로 감정입니다. 감정은 우리가 어디로 가야 할지 방향을 알려 주고, 필요한 정보를 주며, 평생 동안 사용 가능한 나침반이지요.

감정이 나침반의 역할을 할 수 있는 이유는 감정의 정의 첫 번째 요소 때문입니다. 감정은 어떤 자극이나 상황이

개인의 관심사나 바라는 바와 관련되어 있을 때 발생하는
데, 바라는 바를 이루는 방향으로 작용할 때 긍정적인 감
정을, 바라는 바를 이루지 못하게 하는 방향으로 작용할
때 부정적인 감정을 느낍니다. 따라서 느껴지는 감정을 통
해 감정을 일으킨 자극이나 대상, 상황이 개인의 관심사나
바라는 바에 어떻게 관련되어 있는지 알 수 있지요.

동생 때문에 화가 났던 수호가 묻습니다.

"전 감정을 느낄 때 어떻게 해야 할지 모르겠어요. 갑자
기 화가 치밀어 오를 때도 그렇고, 가슴이 뛰고 심장이 벌
렁거릴 정도로 긴장되고 불안할 때도 그렇고요. 당황스러
워요. 도대체 이 감정을 어떻게 해야 하는 거예요?"

많은 친구들이 이처럼 감정을 느낄 때 그 감정을 어떻게
이해하고 처리해야 할지 몰라서 당황스러워합니다. 이 질문
에 대한 명확한 해법을 하나 알려드릴게요. 감정은 그것이
무엇이든 한마디로 정보입니다. 우리는 감정이 주는 정보를
읽고, 삶을 살아가는 데 그 정보를 활용하면 되는 것입니
다. 감정이라는 나침반이 주는 정보를 활용하면, 처한 상황
에서 어떻게 대처할지를 판단하여 결정할 수 있으며, 환경
에 보다 잘 적응할 수 있습니다.

그럼 감정은 어떤 정보들을 알려 줄까요?

첫째, 감정을 일으킨 자극이나 대상, 상황이 우리에게 호의적인지, 아니면 비호의적인지에 대한 정보를 줍니다. 그 정보에 따라 그 자극이나 대상에게 다가갈 것인지 아니면 회피할 것인지에 대해 판단할 수 있습니다.

유정이는 여름 방학 때 한 달 동안 캠프에 참석하게 되었습니다. 캠프가 시작되는 첫날, 넓은 홀에 50여 명의 또래 친구들이 모여 서로를 소개하며 친해지는 시간을 가졌습니다. 유정이는 낯선 친구들과 어울리면서 누구와 친해져야 할지 많이 고민되었습니다. 그런데 게임을 하면서 소현이라는 친구와 함께할 때면 편하고 즐거웠습니다. 반면, 단비라는 친구와 있을 때는 왠지 어색하고 불편했습니다.

여기에서 우리는 무엇을 알 수 있을까요? 유정이에게 편하고 즐거운 감정을 일으킨 소현이는 유정이와 친해지고 싶어 하는 호의적인 대상이라는 것을 알 수 있습니다. 그러나 단비는 유정이에게 그리 호의적이지 않다는 것을 짐작할 수 있습니다. 이렇듯 감정이 주는 정보를 통해, 유정이는 한 달 동안 소현이와 가까이 지내기로 결심했고, 둘은 좋은 단짝 친구가 되었습니다.

둘째, 감정을 일으킨 대상이 자신의 바람을 이루는 방향으로 작용하는지 아니면 방해하는 쪽으로 작용하는지에 대한 정보를 줍니다.

바로는 요새 한창 사춘기입니다. 모든 것이 못마땅하고 불만스럽습니다. 그러다 영민이를 비롯한 불량스러운 친구들과 어울려서 학교 밖이나 집 밖으로 자주 나돌게 되었습니다. 머릿속에서는 이탈하고 싶다고 하지만, 영민이와 어울릴 때마다 마음은 불편하고 뭔가 찝찝합니다. 영민이와 헤어져 집에 갈 때면 가슴속이 허전하고 불안하기도 합니다. 그러다 우연한 기회로 같은 반 친구인 광민이와 친해지게 되었습니다. 광민이는 공부를 잘하는 편은 아니지만, 책 읽기를 좋아하는 착한 친구입니다. 바로는 광민이와 함께 있는 시간이 즐겁고 편안합니다. 함께 책을 보며 얘기 나누는 것도 좋습니다.

여기에서 무엇을 알 수 있을까요? 영민이는 바로가 바라는 방향과 맞지 않는, 오히려 방해하는 대상이며, 광민이는 바로가 원하는 바를 이루도록 돕는 대상이라는 것을 알 수 있습니다. 즉 바로는 머릿속에서는 이탈을 꿈꾸지만, 진심으로는 이탈을 원하지 않으며 책을 읽고 함께 나눌 수 있는 관계를 원한 것입니다.

나의 진로나 적성을 알 수 있어요

요즘 여러분이 크게 관심 가지는 것 중 하나는 적성과 진로일 것입니다. 적성과 진로를 찾기 위해 다양한 취미 활동을 해 보기도 하고, 학원을 다니며 배우기도 할 것입니다. "나는 무엇에 관심이 있을까?", "나에게 어떤 재능이 있을까?", "나는 인문계로 가야 하나, 자연계로 가야 하나?", "나는 무엇이 될까?", "무엇을 목표로 준비해야 하나?" 등등 궁금한 것이 많겠지요.

진로를 찾아가는 과정은 초등학교, 중고등학교 때에만 중요한 것이 아닙니다. 그 시기에 마무리되는 것도 아니지요. 대학교에 입학한 학생들에게 가장 큰 고민거리도 바로 진로이니까요. 또한 취직을 한 뒤에도 마찬가지입니다. 직업을 갖고 일을 하면서도, 끊임없이 자신의 진로를 찾아 새로운 공부를 하기도 하고, 다른 일자리를 구하기도 합니다. 진로를 찾는 데 중요하게 고려하는 것이 적성입니다. 자신이 어떤 일에 소질이나 능력이 있는지를 알면 결정하기가 한결 쉽기 때문이지요.

그런데 감정은 적성과 진로를 찾을 때도 우리에게 중요한 나침반 역할을 합니다. 찬열이는 수학이나 과학 시간이 되면 졸리고 재미없는 반면, 국어나 사회 시간이 되면 머리가 맑아지고 흥미로움을 느낍니다. 이를 통해, 찬열이는 인문계에 더 적성이 맞는다는 것을 알 수 있습니다.

수지는 특별히 학업에 흥미를 느끼거나 성적이 좋은 편은 아니지만, 미술 학원에서 그림을 그릴 때 즐거움을 느낍니다. 학원 선생님에게 미술에 재능이 있다는 얘기도 듣고, 미술 대회에서 상을 탄 경력도 있습니다. 수지는 미술을 전공하려고 합니다.

다희는 어릴 때부터 공부를 곧잘 했고, 늘 반에서 1등을 할 정도로 성적이 좋았습니다. 특히 수학이나 과학에서 좋은 성적을 거두어서, 자연계 쪽으로 진로를 정했습니다. 그러나 막상 고등학교 3학년이 되었을 때, 자신이 무엇을 전공해서 진로를 정해야 할지 도통 알 수가 없었습니다. 특별히 흥미를 끄는 것도 없었습니다. 대학에 입학한 뒤에도 다희는 선택한 전공에 흥미를 갖지 못했습니다. 성적은 좋은 편이었지만, 전공 수업 시간이 전혀 즐겁지 않았습니다. 그러던 중 다희는 우연히 도서관에서 심리 상담에 관련된 책을 읽게 되었습니다. 그런데 책을 읽는 동안 흥미로움을 느꼈습니다. 곧바로 심리 상담 분야의 교재들을 찾아보았고, 상담심리학과 임상심리학 관련 책을 읽게 되었습니다. 모두 꽤

두꺼운 책이었음에도 불구하고, 얼마나 몰입했는지 얼마 걸리지 않아 다 읽었습니다. 공부를 하면서 이렇게 흥분된 감정을 느낀 적은 처음이었습니다. 다희는 상담심리학과 임상심리학 분야로 자신의 진로를 바꾸기로 결심했습니다. 이후 공부를 하면서 이 분야가 자신의 적성에 굉장히 잘 맞는다는 것을 알게 되었고, 학업과 진로에 대한 자신감이 생겼습니다.

다희가 진로를 찾을 수 있었던 것은 끊임없이 다양한 학문과 진로를 접하며 그때마다 자신에게 느껴지는 감정에 주의를 기울였기 때문입니다. 즉 감정이 전해 준 진로와 적성에 대한 정보를 잘 활용함으로써 자신의 소질과 재능에 맞는 분야를 찾을 수 있었던 것입니다.

청소년기에 들어서면 특히 자신의 적성과 진로를 찾는 것이 중요한 과제가 됩니다. 그럴 때 머리로만 계산하여 따지지 말고, 다양한 경험을 하면서 느끼는 자신의 감정에 주의를 기울여 보세요. 반드시 직접 체험할 필요는 없습니다. 책을 포함한 다양한 매체 등을 통해 간접 체험을 해도 좋습니다. 체험을 할 때 감정이 어떤 정보를 주는지 알아차려 보세요. 그러면 여러분에게 보다 잘 맞는, 그리고 진심으로 원하는 길을 찾을 수 있을 것입니다.

서로 친한 사이인지 알 수 있어요

어린아이일 때는 이 세상에 의지할 사람이 엄마밖에 없습니다. 시선은 늘 엄마를 따라다니고, 엄마가 없으면 불안합니다. 그러다 점차 커 가면서 또래 친구들에게 눈을 돌리게 됩니다. 엄마와 있는 시간보다 또래 친구들과 있는 시간들이 많아지고, 급기야 엄마보다 친구들이 더 중요해지는 순간이 찾아옵니다. 친구들과 함께하면서 다양한 희로애락을 겪게 되지요. 어떤 때는 정말 좋고 행복하지만, 또 어떤 때는 서운하고 화가 나기도 합니다. 친구들 간에 다툼과 갈등에 휘말릴 때도 있지요. 친구와의 관계 때문에 온종일 친구 생각을 하며 걱정하고 고민도 해 봅니다. 그러다 가끔 궁금해집니다.

"나와 이 친구는 정말 친한 사이인가? 정말 믿을 만한 친구인가?"

이 질문에 대한 답도 감정이 줄 수 있습니다. 감정은 우리가 함께하는 사람들과의 관계 상태에 대한 정보를 줄 수 있기 때문입니다.

해리는 소진이와 같은 동네 친구입니다. 집이 가까이 있어서 등하교도 함께하고 같이 하는 활동도 여럿 있습니다.

친구들도 해리와 소진이를 가장 친한 단짝 친구로 알고 있습니다. 그런데 해리는 소진이와 함께 있을 때 별로 즐겁지 않습니다. 둘만 있을 때 종종 대화가 끊어지곤 하는데, 이렇게 침묵이 흐르게 되면 왠지 긴장되고 머릿속에서는 무슨 말을 꺼내야 할지 찾느라 분주해집니다. 반면, 최근에 가까워진 유라는 함께 어울린 횟수는 적지만, 함께 있으면 편하고 대화가 끊어지더라도 특별히 화젯거리를 찾느라 애쓰지 않아도 괜찮습니다. 무엇보다 유라와 함께 있는 시간이 즐겁습니다.

여기에서 무엇을 알 수 있을까요? 해리는 소진이와 오래 사귄 친구 사이이지만, 아직 서로를 신뢰하는 편한 관계는 아니라는 것입니다. 반면, 유라와는 어울린 지 얼마 안 된 친구 사이이지만, 서로 잘 맞고 편한 관계라는 것을 알 수 있습니다. 얼마나 친한 관계인지 측정하는 객관적인 기준은 없지만, 분명한 것은 서로 단짝 친구가 되자고 아무리 단단히 약속했어도, 아주 오랜 시간을 함께했어도 신뢰가 만들어지지는 않는다는 것입니다. 그러니 누군가와 함께할 때 여러분이 느끼는 감정에 주의를 기울여 보세요. 감정이 여러분에게 무엇을 말하고 있나요?

친구들과 잘 어울리도록 도와줘요

학창 시절에는 친구들과 잘 어울리는 것이 가장 중요한 과제 중 하나입니다. 친한 친구들과 어울려 무리를 지어 다니기도 하고, 무리에서 외톨이가 되어 소외감과 외로움을 느끼기도 합니다. 심한 경우는 반 친구들로부터 집단 따돌림을 받으며 고통과 괴로움에 시달리기도 합니다.

"어떻게 하면 친구들과 잘 어울릴 수 있을까? 어떻게 하면 친구들로부터 외면당하지 않을 수 있을까?"

많은 친구들이 궁금해하는 이 질문에 대한 답을 감정에서 찾을 수 있습니다. 그 이유는 감정이 우리가 처한 상황이 어떠한지에 대한 정보를 주기 때문입니다. 감정은 어떤 자극이 다른 친구들의 관심사나 바라는 바에 비추어 어떻게 평가되고 있는지에 대한 정보를 알려 줍니다. 이 정보를 바탕으로 우리가 어떤 처지에 놓이게 되었는지 판단하여 대처하면 됩니다.

재현이는 대여섯 명의 친구들과 함께 어울려서 수다를 떨고 있었습니다. 대화는 유쾌하게 흘러가고 있었습니다. 재현이도 이 유쾌함에 기여해야겠다는 생각에 어떤 얘기를 꺼냈습니다. 그런데 재현이가 얘기를 할수록 분위기는

싸해져 갔습니다. 크게 웃으며 맞장구를 치던 친구들이 점점 조용해졌습니다. 표정도 굳어져 갔습니다.

그 순간 재현이도 싸한 감정을 느꼈고, 감정이 주는 정보를 즉시 알아차렸습니다. 자신의 화제가 다른 친구들이 바라는 것을 방해하는 방향으로 작용하여 부정적인 감정을 일으킨 것입니다. 재현이는 순간 아차 싶었습니다. 결정을 해야 했습니다. 하던 얘기를 멈추든지, 화제를 돌리든지 말입니다. 재현이는 말을 멈추고 재빨리 화제를 바꾸었습니다. 친구들의 표정이 풀리며 웃음이 살아나자 분위기는 다시 유쾌해졌습니다.

재현이처럼 처한 상황에서 그때그때 느끼는 감정을 알아차리고, 그 감정이 주는 정보를 파악하여 대처한다면 친구들과 보다 원만한 관계를 유지할 수 있을 것입니다. 그러나 만약 감정에 무디다면 어떻게 될까요? 주변에서 이런 친구들을 어렵지 않게 만날 수 있습니다. 다른 친구들 모두 인상을 쓰면서 불편한 내색을 보이는데도, 정작 당사자는 이런 분위기를 알아차리지 못한 채 말과 행동을 계속합니다. 소위 이런 친구들에 대해 "눈치가 없다"라고 평하기도 합니다. 눈치가 없는 친구들은 때로 친구들로부터 따돌림을 받거나 외면을 당하기도 합니다.

그럼 왜 이런 일들이 일어날까요? 그건 불편하기 때문입니다. 이 세상 어느 누구도 불편한 것을 좋아하는 사람은 없습니다. 사람들은 불편한 것을 싫어하고, 불편한 감정을 일으키는 대상을 피하려 합니다. 따라서 자신에게 불쾌한 감정을 유발하는 말과 행동을 하는 친구들과 어울리고 싶지 않은 것입니다. 자신에게 불쾌한 감정을 느끼는 사람들이 많을수록 자신을 피하는 사람들이 많아지니 그만큼 외톨이가 되거나 따돌림을 겪기 쉽습니다.

그럼 어떻게 해야 친구들과 잘 어울릴 수 있을까요? 방법은 단순합니다. 사람들은 자신에게 긍정적인 감정을 일으키는 대상은 가까이 두려 하고, 부정적인 감정을 일으키는 대상은 멀리 하려 합니다. 따라서 다른 사람들과 함께할 때, 여러분의 말과 행동이라는 자극이 상대방에게 일으키는 감정에 주의를 기울여 보세요. 상대방이 느끼는 감정은 상대방의 표정, 말과 행동에서 미루어 짐작할 수 있습니다. 자신이 느끼는 감정에서도 알 수 있습니다. 그 감정이 주는 정보를 바탕으로, 말과 행동을 조율하면서 여러분이 원하는 관계로 발전시켜 보세요.

의사 결정할 때도 감정이 필요해요

삶을 살아가면서 수없이 마주하게 되는 것이 선택과 결정입니다. 학원을 다닐지 말지, 친구와 놀러 갈지 말지, 자장면을 먹을지 아니면 짬뽕을 먹을지, 숙제를 지금 할지 게임을 하고 나서 할지 등.

실존주의 철학자 클라크는 우리의 삶이 매 순간 선택과 결정으로 이루어진다고 보았습니다. 그리고 우리는 자유로이 선택한 결과에 대해서 책임을 져야 한다고 했지요. 선택은 책임이 따르기 때문에 부담스럽고 때로는 무섭기까지 합니다.

"이걸 선택했다가 잘못되면 어떡하지? 이것보다 저것이 더 나은 거면 어떡하지?"

그러다 보니 누군가 대신 선택해 주었으면 하는 바람까지 갖게 됩니다. 어릴 때는 부모님이 대신 선택해 주는 경우가 많아 그 선택에 따르기만 하면 되었지요. 그러나 점차 나이가 들어갈수록 스스로 결정해야 할 일이 많아집니다. 중요한 결정을 해야 하는 경우도 잦아지고, 그에 따른 책임감도 커집니다.

효림이는 결정을 내리는 것이 정말 힘듭니다. 이것과

저것 중에 무엇을 선택해야 할지 도통 모르겠습니다. A를 선택하면 이런 점은 좋겠지만, 다른 점은 불편할 것 같고 선택하지 못한 B가 아쉽게 느껴집니다. 또 B를 선택하면 좋은 점도 있지만, 선택하지 못한 A의 좋은 점이 자꾸 떠오릅니다. 부모님과 친구들은 결정을 잘 내리지 못하는 효림이가 답답합니다. 답답하기는 효림이도 마찬가지입니다.

"도대체 결정을 잘 내리려면 어떻게 해야 하지?"

물론 결정을 하는 데는 여러 가지 요소들이 영향을 미칠 수 있습니다. 상황적 요인, 경제적 요인, 시간적 요인 등. 그리고 결정을 내리기 위해서는 관련된 다양한 정보를 수집하는 것이 바람직합니다. 선택할 수 있는 상황의 장점과 단점을 모두 검토하고 비교하는 것이 좋습니다. 그러나 무엇을 선택할 때 고려해야 할 가장 중요한 기준 하나는 바로 자신이 무엇을 바라느냐일 것입니다.

그럼 내가 무엇을 바라는지 어떻게 알 수 있을까요? 바로 감정을 통해 알 수 있습니다. 감정은 자신이 바라는 것과 관련되어 있을 때 발생하기 때문에, 어떤 감정이 일어나는지 잘 알아채면 거꾸로 내가 무엇을 바라는지도 알 수 있습니다.

만약 조건들이 비슷한 A와 B 중에서 무엇을 선택해야

할지 모르겠다면, 다음의 과정을 한번 거쳐 보세요. 먼저 A를 포기했을 때의 아쉬움의 감정을 한번 느껴 보세요. 그 다음 B를 포기했을 때의 아쉬움의 감정을 느껴 보는 겁니다. 만약 A를 포기했을 때의 아쉬움이 더 강하게 느껴진다면, A를 더 간절히 원하고 있는 것입니다. 그러니 A를 선택하는 것이 더 좋겠지요.

의사 결정을 잘 하지 못하는 친구들은 소위 우유부단하다는 얘기를 자주 듣습니다. 또 다른 친구들에 비해서 감정이 무딘 경우가 많습니다. 소희는 친구들과 함께 밥을 먹으러 가서, 무엇을 먹을지 물으면 "글쎄. 난 다 괜찮아. 너희들 먹고 싶은 것 시켜"라고 합니다. 소희의 단짝 친구 선미는 처음엔 소희가 다른 친구들을 배려하는 거라 생각하고 그 모습에 호감을 느꼈습니다. 그러나 소희와 함께 어울리면서 어떤 결정을 해야 하는 순간마다 돌아오는 대답은 "난 다 좋아. 너 하고 싶은 것 하자", "넌 어떤 게 좋아?", "네가 좋아하는 것 먹어. 난 괜찮아"였습니다. 이런 일이 되풀이되다 보니 어느새 선미 혼자 모든 결정을 내리고 있었습니다. 선미는 조금씩 지쳐 갔습니다.

그런데 소희에게서 점차 변화가 생기기 시작했습니다. 사춘기에 들어서면서 자신에 대한 고민이 많아지더니 점차 목

소리를 내기 시작한 것입니다. 예전에는 좋고 싫은 것에 대해 무디게 반응하던 소희가 "이게 좋아", "이건 기분 나쁜데"라며 감정을 표현하기 시작했습니다. 그러더니 의사 결정을 할 때도 조금씩 자신의 선택을 얘기하기 시작했습니다.

"음, 나 이것 먹고 싶어."

선미는 그런 소희가 반가웠습니다. 소희는 그동안 자신을 찾아가는 시간들을 가졌던 모양입니다. 점차 자신이 무엇을 원하는지에 대해 생각하게 된 것입니다.

> ## EQ가 높은 사람과 IQ가 높은 사람 중에 누가 더 사회적으로 성공할까?

> ★ IQ(Intelligence quotient)
> 지능지수는 지적능력의 발달한 정도를 측정한 수치를 말한다.

대부분의 부모님들은 아이들의 IQ*에 많은 관심을 보입니다. 초등학교에 입학하기 전부터 사설심리상담소를 통해 자녀의 IQ를 측정하는 경우도 많습니다. 또한 자녀의 영재성이나 천재성에 대한 기대를 품고, 조기 교육에 많은 투자를 하기도 합니다. 왜 그럴까요? 아마도 여러 이유가 있겠지만, 대부분의 사람들이 IQ 즉 지적 능력이 우수하면 사회적으로 성공할 거라고 생각하기 때문입니다.

IQ가 높은 사람들은 다른 사람들보다 학업성취도에서 좋은 결과를 거둘 가능성이 높습니다. 그러나 학업 이외 영역에서는 성취도를 예측하기 어렵다는 인식이 널리 확산되기 시작했습니다. 이를 조명한 다큐멘터리도 어렵지 않게 접할 수 있습니다. IQ가 매우 높은 천재여서 조기교육을 통해 어린 나이에 대학 과정을 마쳤으나, 성인이 된 지금은 평범한 삶을 살아가는 사람들이 많습니다.

어릴 때부터 머리가 좋았던 상민이는 고등학교까지 전교에서 1등을 놓친 적이 없었습니다. 일류대 공대에도 좋은 성적으로 입학했지요. 그런데 상민이는 아이들과 어울리는 법을 몰랐습니다. 수업 시간에도, 식사 시간

에도 늘 혼자였습니다. 대학에서 접하는 전공 수업 내용은 고등학교 때 접한 내용과는 차원이 달랐습니다. 게다가 매주 나오는 퀴즈와 과제에는 상민이가 도저히 풀 수 없는 문제들도 간혹 있었습니다. 시간이 흘러 평가 결과를 받은 상민이는 크게 실망하고 말았습니다. 다른 아이들은 문제에 대해 얻은 정보를 서로 공유하여 잘 풀어낸 데 반해, 상민이는 혼자 끙끙 거리다 애쓴 보람도 없이 빈칸으로 답안지를 내어 상대적으로 낮은 평가를 받았기 때문입니다. 하지만 아이들과 어울리는 것도 불편하고, 누군가에게 부탁하거나 도움 받는 것이 낯선 상민이는 이런 상황을 반복하여 겪어야 했습니다. 결국 상민이는 처음 맛보는 좌절에 한없이 무너졌고, 급기야 학사 경고까지 받아 학교생활 자체에 심각한 위기를 맞게 되었습니다.

IQ가 학업은 물론이고 대인 관계나 직업적 영역 등에서의 성공을 예측하지 않는다는 인식이 퍼지면서, 사회적 성공을 예측할 수 있는 대안으로서, 정서지능 즉 감정이 주는 정보를 처리하는 능력이 주목을 받게 되었습니다. 처음으로 정서지능을 제안하고 활발한 연구를 통해 개념을 정립한 사람은 심리학자 살로비와 메이어였습니다.

1990년대 중반에 당시 뉴욕타임즈 기자였던 다니엘 골먼이 IQ처럼 정서지능을 수치화한 EQ*를 소개하면서 일반 사람들에게도 널리 알려지게 되었지요. 이후 EQ가 학업, 대인 관계, 직업적 영역 등 사회적 성공을 예측한다는 객관적인 연구 결과들이 발표되며 더욱더 관심을 받게 되었습니다.

＊ EQ(Emotional intelligence Quotient) 정서지능지수는 정서지능을 측정한 지수를 말한다.

감정은 개인의 생존뿐 아니라, 다양한 역할을 통해 사회에 적응하는 것을 돕습니다. 살아가는 데 필요한 다양한 정보를 제공하고, 대인 관계를 원활하게 해 주며, 사회에서 맞닥뜨리는 상황에서 보다 적절한 반응을 할 수 있게 합니다. 따라서 매 순간 느끼는 감정이 주는 정보를 잘 처리하는 사람일수록 보다 환경에 잘 적응하며, 사회에서 맞닥뜨린 상황에서도 좋은 성취를 거두게 되기 때문에 결과적으로 사회적 성공을 얻게 될 확률이 높은 것입니다.

3장

내 감정을
어떻게
알 수 있을까요?

감정을 알 수 있는 단서에는 무엇이 있나요?

내가 느끼는 감정은 물론이고 다른 사람이 느끼는 감정을 어떻게 알 수 있을까요? 감정에 익숙하고 민감한 사람들은 굳이 어떤 단서가 없더라도, 자신에게서 주관적으로 느껴지는 감정이 무엇인지 잘 알아차릴 수 있습니다. 불안, 두려움, 놀람, 분노, 슬픔, 기쁨, 당황 등 감정의 큰 그림을 찾을 수 있고, 분노의 감정이라도 살짝 약이 오른 건지, 울화가 치미는 건지, 분한 건지, 분개한 건지, 격분한 건지 섬세하게 구분할 수 있습니다.

그러나 많은 경우 감정에 익숙하지 않아서, 바로 "이 감정이다"라고 콕 집어 정확히 알아차리지 못합니다. 그래서 감정을 알 수 있는 단서들을 먼저 파악한 후 찾아가는 방법을 자주 사용합니다. 감정이 일어나 느껴지면, 다양한 형태로 표현되기 때문이지요.

첫째, 감정을 느끼고 있을 때 각 감정마다 독특한 생리적 변화가 나타납니다. 예를 들어, 불안할 때는 호흡이 빨라지고, 땀이 나며, 심장 박동이 빨라집니다. 근육이 긴장되고 떨리기도 합니다. 따라서 신체에 나타나는 생리적 감각 등에 주의를 기울인 뒤 생리적 변화들의 정보를 모아서 느끼고 있는 감정이 무엇인지 추측해 볼 수 있습니다.

둘째, 감정을 느끼고 있을 때, 각 감정과 관련된 생각이 머릿속에 떠오르게 됩니다. 이를 인지적 요소라고 하는데, 불안할 때는 "어떡하지? 잘못되면 어떡하지?"와 같은 생각이 주로 머릿속에서 맴돕니다. 화가 날 때는 "일부러 그렇게 한 거야", "나를 무시하는 거야"와 같은 생각이 주로 듭니다. 이처럼 감정을 느끼는 순간 머릿속에 자꾸 맴도는 생각을 적어 보면, 자신이 지금 어떤 감정을 느끼고 있는지 알 수 있습니다.

셋째, 감정을 느끼고 있을 때, 감정과 관련된 행동을 표현하게 됩니다. 심하게 긴장되고 불안하면, 손톱을 물어뜯는다거나, 눈을 깜빡거린다거나, 다리를 떤다거나, 휴지나 볼펜과 같은 물건을 자꾸 만지며 돌린다거나, 머리카락을 자꾸 만지기도 합니다. 즉 감정을 느낄 때 표현되는 행동을 통해 어떤 감정인지 짐작할 수 있습니다.

넷째, 그 감정을 체험적으로 어떻게 느끼고 표현하는지를 통해 어떤 감정인지 알 수 있습니다. 눈물을 흘리며 울고 있다면 슬픔을 느끼고 있을 가능성이 큽니다.

감정은 이렇듯 생리적 요소, 인지적 요소, 행동적 요소, 체험적 요소 네 가지로 경험할 수 있습니다. 이 요소들은 모두 밀접하게 연관되어 있어서 구분이 어려운 경우가 많습니다. 그러나 경험한 감정을 세부 요소들로 나누어서 이해하면, 감정을 보다 섬세하게 이해하고 다룰 수 있답니다.

자, 그럼 최근에 감정을 느꼈던 경험 한 가지를 떠올려 보세요. 그때 어떤 감정을 느꼈나요? 먼저 불쾌한 감정이었는지, 유쾌한 감정이었는지 생각해 보세요. 그리고 다시 그 감정 안에서 세밀하게 구분해 보세요. 감정단어가 명확하게 떠오르지 않고 입가에 맴돌기만 한다면, 다음 페이지의 [감정단어목록]*의 단어들을 훑어보고, 가슴에 와 닿는 감정단어를 선택하세요. 감정단어목록을 보며 내가 느낀 감정을 반복하여 찾다 보면, 점차 감정단어에 익숙해지고 자신이 느끼고 있는 감정이 무엇인지 잘 알아차릴 수 있게 됩니다.

> ★감정단어목록 감정을 표현하는 데 사용되는 단어들로, 감정을 표현할 때 참고할 수 있도록 임의로 정의한 것이다. 저자의 저서 『니는 왜 감정에 서툴까』와 『정서조절코칭북』의 감정단어목록을 수정하였다.

감정단어목록

● 불쾌한 감정

긴장, 불안, 두려움	긴장된, 초조한, 조바심 나는, 안절부절 못하는, 전전긍긍하는, 안달복달하는, 조급한, 조심스러운, 걱정스러운, 겁나는, 겁먹은, 굳어 버린, 다리가 후들거리는, 떨리는, 불안한, 무서운, 두려운, 소름끼치는, 애타는, 얼어붙은, 숨이 막힐 것 같은, 심장이 멎는 것 같은, 등골이 오싹한, 공포스러운
분노	화난, 분한, 울화 치미는, 분개한, 격분한, 성난, 열 받은, 격앙된, 신경질 나는, 짜증 나는, 약 오른, 격노한, 욱하는
놀람	깜짝 놀란, 놀란, 덜컥하는, 기막힌, 경악을 금치 못하는, 아찔한, 쇼크 먹은, 아연실색하는, 어안이 벙벙한, 움찔하는, 충격적인, 하늘이 무너지는, 할 말을 잃은, 황당한
당황	겸연쩍은, 곤혹스러운, 난처한, 당혹스러운, 어리둥절한, 멋쩍은, 민망한
외로움	쓸쓸한, 고독한, 고립된, 외로운, 처량한, 처절한
슬픔, 절망, 무기력	상심한, 슬픈, 기운 없는, 눈물 나는, 서글픈, 코가 시큰한, 기분 처지는, 불행한, 서러운, 무기력한, 암담한, 앞이 안 보이는, 우울한, 울고 싶은, 울적한, 우수에 젖은, 의기소침한, 위축된, 침울한, 의욕 없는, 절망하는, 주눅 든, 막막한, 희망이 없는, 힘 빠진, 맥 빠진, 힘없는, 낙심한, 기분이 가라앉는, 참담한, 가슴 찢어지는, 다리가 후들거리는, 비통한, 후회스러운
고통 스러움	고통스러운, 괴로운, 비참한, 상처받은, 속상한, 억울한, 억장이 무너지는, 가슴이 찢어지는, 원통한, 참담한, 한 맺힌
고민 스러움	고민되는, 성가신, 짜증스러운, 불편한, 귀찮은, 낭패스러운, 난감한, 거슬리는, 신경 날카로운, 예민해진, 민감해진, 심란한, 마음 복잡한, 힘겨운, 부담스러운, 중압감을 느끼는, 수심에 찬
수치심, 죄책감	부끄러운, 쑥스러운, 창피한, 수치스러운, 죄스러운
단절감	멍한, 몽롱한, 무감각한, 냉담한, 거리감이 느껴지는, 냉랭한, 넋이 나간, 단절된, 마비된, 마음이 닫힌, 물러선, 무감동한, 무관심한, 무신경한, 무심한, 시큰둥한, 따분한, 심드렁한, 싸늘한, 얼이 빠진, 재미없는, 흥미 없는
불만족, 서운함	뚱한, 고까운, 기분 상한, 낙담한, 뒤틀린, 망연자실한, 불만족한, 서운한, 섭섭한, 실망한, 심통 나는, 야속한, 원망스러운, 좌절스러운, 거슬리는, 못마땅한
불안정감	불편한, 산만한, 찜찜한, 동요되는, 마음이 편치 않은, 망설이는, 아리송한, 안심이 안 되는, 신경 쓰이는, 불안정한, 미심쩍은, 어리둥절한, 얼떨떨한, 주저하는, 의아한, 의심스러운, 안절부절 못하는, 어쩔 줄 모르는, 미칠 것 같은, 혼란스러운
부러움	샘나는, 애타는, 간절한, 못 견디는, 부러운, 안달하는, 질투 나는

혐오감	싫어하는, 증오스러운, 구역질 나는, 기피하고 싶은
경멸	비판적인, 거부적인, 무례한, 씁쓸한

● 유쾌한 감정

고양, 흥분	설레는, 들뜬, 날아갈 것 같은, 벅찬, 가슴 터질 것 같은, 신나는, 각성된, 고양된, 기쁨에 넘치는, 뛸 듯이 기쁜, 만끽하는, 매혹된, 야릇한, 열렬한, 자극 받은, 열정적인, 우쭐한, 짜릿한, 통쾌한, 황홀한, 흥분되는, 환희에 찬, 하늘로 붕 뜨는 것 같은
즐거움, 유쾌	기쁜, 기분 좋은, 반가운, 상쾌한, 유쾌한, 재미있는, 좋은, 즐거운, 흥거운, 명랑한, 쾌활한
만족, 행복	만족스러운, 충족된, 행복한, 흐뭇한, 흔쾌한, 흡족한, 흥거운, 마음에 드는, 충만한
편안함	이완된, 잔잔한, 진정된, 차분한, 고요한, 평화로운, 긴장 풀린, 마음 놓이는, 맑은, 안도하는, 안락한, 안심되는, 한가로운, 안정된, 유유자적하는, 침착한, 편안한, 평온한, 포근한
사랑 스러움	다정한, 따뜻한, 마음이 끌리는, 마음이 통하는, 애틋한, 사랑을 느끼는, 사랑이 넘치는, 애정을 느끼는, 애착이 가는
자비심	동정심 드는, 마음 쓰이는, 온화한, 자애로운, 푸근한, 친근한
감동	찡한, 가슴 뭉클한, 감격한, 감동스러운, 감사하는, 고마운, 깜짝 놀란, 놀라운, 신기한, 경이로운
활력	밝은, 생기 있는, 발랄한, 기운 찬, 기운 나는, 활기 넘치는, 신선한, 살아 있는, 상쾌한, 생생한, 뇌실이난, 활기찬, 열의 생기는, 쾌활한, 의욕 넘치는, 힘이 넘치는, 힘찬
자신감	뿌듯한, 당당한, 의기양양한, 긍지 느끼는, 자랑스러운, 자부심 느끼는, 자신 있는, 자신만만한, 확고한, 확신하는
희망	기대하는, 낙관하는, 기운을 내는, 용기를 얻은, 자신감을 얻은, 희망을 느끼는, 가슴 벅찬
흥미	재미있는, 관심이 가는, 궁금한, 흥미로운, 홀린, 넋이 빠진, 도취한, 마음을 뺏긴, 매료된, 몰두하는, 열심인, 열중하는, 열렬한, 몰입하는, 무아지경인

감정은 왜 변하는 것일까요?

'시원섭섭하다'라는 감정 표현이 있습니다. 이 말처럼 하나
의 상황에서 여러 감정을 느낄 수도 있습니다. 고마우면서
미안하기도 하고, 놀라우면서 화가 나기도 합니다. 또한 감
정이 변하기도 하지요. 처음엔 당황스러웠는데 점차 미안한
마음이 들다가, 화가 나고 미워지기도 합니다.

그렇다면 감정은 왜 변할까요? 그것은 자신과 관련된 자
극에 대해 어떤 생각을 했기 때문에 감정이 발생한다는 감
정의 정의 첫 번째 요소에서 이해할 수 있습니다. 그런데
우리는 매 순간 수많은 자극들에 노출되고 있습니다.

설현이는 친구 초아의 펜을 빌렸다가 깜빡 잊고 돌려주
지 않은 채 집에 돌아왔습니다. 그런데 다음 날 아침 등교
하자마자 초아가 설현이에게 다가와 화를 냈습니다.

"야, 너 어제 펜 빌려 가서 안 줬지? 그거 정말 중요한 펜
이란 말이야. 어서 줘!"

순간 설현이는 너무나 갑작스러운 초아의 행동에 당황스
러움을 느꼈습니다. 그리고 빌린 펜을 돌려주지 않은 것에
대해 미안한 마음이 들었습니다. 곧바로 펜을 돌려주며 사
과했지요. 이후 가만히 자리에 앉아 있는데, '아니, 그럴 수

도 있지. 내가 일부러 가져간 것도 아닌데 친구들 앞에서 그렇게 화를 내며 나를 무안하게 하냐?'라는 생각이 들며 화가 나기 시작했습니다. 그리고 그런 행동을 한 초아가 미워졌습니다.

설현이의 감정 변화를 한번 살펴볼까요? 처음엔 친구들 앞에서 화를 낸 초아의 갑작스러운 행동 자극이 당황스러움을 일으켰습니다. 다음엔 초아가 한 말에 미안함을 느꼈지요. 이후 머릿속에서 다시 떠오른 이 기억은 설현이를 화나게 만들었고, 자신을 당황스럽고 무안하게 만든 초아를 떠올리니 미운 감정이 일어났습니다.

이처럼 어떤 상황에서 상대방의 말과 행동도 계속 변화할 뿐 아니라, 자신의 머릿속에서 떠오르는 생각과 이미지도 계속 변화합니다. 또한 주변 사람들이 끼어들어 말과 행동을 보탤 수도 있습니다. 그럴 때마다 수많은 자극들이 개인에게 영향을 미치며 감정을 일으키는 것입니다. 즉 매 순간 우리에게 다가오는 자극이나 상황이 달라지고, 그 자극이나 상황에 대해 떠오르는 생각이 달라지기 때문에 감정역시 변하는 것이지요.

그런데 감정을 일으킨 자극이나 상황이 변하지 않아도 감정이 변하는 이유가 또 한 가지 있습니다. 바로 자극에 반응

해서 발생한 감정이 충분히 느끼고 표현되면 사그라지는 감정의 속성 때문이지요. 친구가 한 말이 거슬려서 기분이 나빴을 때, 그 친구에게 직접 표현하거나, 다른 친구에게 그 친구에 대해 기분 나빴던 감정을 충분히 얘기하거나, 혼자 그 친구에 대해 화난 감정을 실컷 표현하고 나면, 화는 사라지고 왠지 화를 낸 것에 대해 미안한 감정이 들기도 합니다. 충분히 느끼고 표현된 화난 감정이 사라지면서 그 자리에 미안함이라는 새로운 감정이 생긴 것이지요. 이 미안한 감정 역시 충분히 느끼고 표현하면 사라집니다. 그러다 친구에 대한 애정 또는 앞으로 잘해 줘야겠다는 호의적인 감정이 나타날 수도 있지요.

감정의 변화를 어떻게 알 수 있을까요?

그럼 감정이 변하는 것을 어떻게 알 수 있을까요? 앞에서 감정이 느껴지면 신체의 호흡, 심장 박동 등에서 나타나는 생리적 요소, 감정과 관련된 생각이 떠오르는 인지적 요소, 감정에 즉각적으로 반응하여 행동으로 나타나는 행동적 요소, 마지막으로 그 감정을 느끼고 표현하는 체험적 요소

등 네 가지 변화가 나타난다고 했지요.

그런데 감정을 일으킨 생각은 너무나 순식간에 스쳐 지나갈 뿐 아니라, 자신도 모르게 떠오르는 경우가 많습니다. 영지는 학교 복도에서 저 멀리 있는 윤지를 보았습니다. 영지와 윤지는 둘도 없는 사이였지만 지금은 서먹서먹합니다. 어떻게 인사를 할까 고민하는 사이 순식간에 윤지가 눈앞에서 사라졌습니다. 기분이 나빠진 영지는 교실로 돌아온 뒤에도 자꾸 윤지가 떠오르며 화가 났습니다. 윤지 얘기를 하며 영지가 화를 내자, 또 다른 친구는 "왜 화를 내지? 그냥 복도에서 본 것뿐인데"라며 이해하지 못했습니다. 영지 또한 자신이 왜 화가 나는지 이유를 알 수 없었습니다.

영지는 왜 윤지에게 화가 났을까요? 아마도 윤지가 복도에서 갑자기 사라진 행동이 영지의 감정을 돋우는 자극이 되었을 것입니다. 그리고 영지는 그 행동에 대해 어떤 해석을 했겠지요. 도대체 어떻게 해석했기에 화가 난 걸까요? 바로 "윤지가 나를 일부러 피한 거다"라고 생각한 것입니다. 특히 이런 생각은 자신도 모르게 순식간에 떠올라 감정을 일으키고 지나가 버리기 때문에, 무슨 생각이 감정을 일으켰는지 찾아내기란 여간 쉽지 않습니다.

감정으로 인한 행동의 경우, 감정에 대한 반응으로서의

행동이 나타난 것인지 아니면 관련 없는 일련의 행동 중 하나인지 구분하기가 쉽지 않습니다. 게다가 우리는 항상 어떤 행동을 하고 있기 때문에, 감정이 일으킨 행동의 변화를 알아채기도 쉽지 않지요.

감정의 체험적 요소의 경우, 어떤 감정을 느끼고 표현하고 있다면 감정에 변화가 있어도 알아채기가 어렵습니다. 이미 잔뜩 화나 있을 때는 자신이 화가 난다는 사실을 알아차리기가 쉽지 않습니다. 또한 슬퍼서 울고 있을 때도 마찬가지입니다. 그 감정에 이미 빠져서 느끼는 중이기 때문에 객관적으로 판단하기 힘들지요.

따라서 감정의 변화를 알 수 있는 가장 효과적인 단서는 신체 감각에서 나타나는 생리적 변화입니다. 감정은 반드시 호흡, 심장 박동, 근육, 땀 등 신체 감각의 변화가 함께 나타납니다. 내가 느끼는 감정이 무엇인지, 내 감정이 어떤 감정으로 변화했는지 곧바로 파악하기는 쉽지 않지만, 내 몸에서 느껴지는 신체 감각의 변화는 비교적 알아차리기 쉽습니다. 신체에서 느껴지는 감각은 분명하고 두드러지는 편이라 무시하고 지나치기가 쉽지 않기 때문입니다.

"호흡이 가빠지네. 아, 불편하다."

"손발에서 땀이 자꾸 나네. 땀이 흐르니 닦아야겠다."

"어깨가 뻐근할 만큼 너무 아파. 왜 이렇게 바짝 긴장했지?"

"머리가 아파. 좀 전까지는 괜찮았는데 머리가 지끈거려 힘드네. 두통약이라도 먹어야 하나?"

이렇게 신체 감각에서 변화가 나타났다면, 감정 상태가 변화한 것임을 짐작할 수 있습니다. 실제로 심리 상담을 할 때도 상담을 받으러 온 사람에게 감정을 알아차리도록 안내할 때 가장 우선적으로 신체 감각을 보도록 합니다. 신체 감각을 스스로 깨닫고 자신의 감정을 알아차리도록 돕는 것입니다.

감정이 깃든 기억은 왜 또렷할까요?

과거에 겪었던 일들을 떠올릴 때, 아무런 감정을 느끼지 않았던 경험은 잘 기억이 나지 않습니다. 반면에, 엄마에게 심하게 혼났던 일, 친구가 상처 되는 말을 했던 일, 혼자 남겨져서 불안하고 외로웠던 일, 아빠가 처음으로 잘했다고 인정을 해 주셨던 일과 같이 감정을 느꼈던 경험들은 시간이 오래 지나도 또렷이 기억납니다.

이처럼 감정은 기억에 영향을 미칩니다. 감정이 강렬할수록 보다 또렷하게 기억나지요. 마치 기억의 도장을 찍듯이 말입니다. 지금 중학교 3학년인 혜원이는 아기였을 때 혼자 방에 남겨져서 바라보던 천장의 모빌을 기억합니다. 부모님은 혜원이가 그 모빌을 기억한다는 사실에 깜짝 놀랍니다. 혜원이는 빙글빙글 돌아가는 모빌을 떠올리면 외롭고 쓸쓸한 느낌입니다.

친구들이나 부모님과 말다툼을 하다 보면, "그때 그렇게 얘기했잖아"라고 하는데 상대방이 "내가 언제? 얘 좀 봐라. 사람 잡네. 내가 언제 그렇게 얘기했어?"라고 부정하는 경우를 자주 봅니다. 누구의 말이 사실일까요? 상처받은 사람은 상대방의 말 한마디나 행동이 아픈 감정을 강하게 불러일으켰기 때문에 또렷이 기억합니다. 반면 상처를 준 상대방은 무심코 한 얘기이거나 자신에게 별로 중요치 않은 얘기이기 때문에 기억을 못하는 것입니다.

감정이 깃든 기억이 더 오래 남는 것은 왜일까요? 세상에는 수많은 정보가 넘쳐납니다. 그 모든 것을 기억하는 것은 불가능합니다. 그렇기 때문에 자신과 관련된 중요한 정보를, 또는 관심을 많이 가지고 있는 정보를 더 많이 기억하게 되지요. 그런데 감정을 느꼈다는 것은 자신과 관련된

정보라는 것이며, 자신이 관심을 두고 있는 것에 영향을 미치는 경험이라는 걸 말합니다. 따라서 감정을 느낀 정보, 경험을 보다 잘 기억하게 되는 것입니다.

그럼 정보를 기억하기 위해서 감정을 어떻게 활용할 수 있을까요? 즐겁고 유쾌한 감정은 긍정적인 정보를 보다 잘 처리하여 기억하게 하고, 불쾌한 감정은 부정적인 정보를 선택적으로 처리하여 기억하게 합니다. 또한 즐거운 감정 상태일 때는 즐거운 기억과 정보를 보다 잘 기억해 내고, 불쾌한 감정 상태일 때는 불쾌한 기억과 정보를 보다 잘 떠올립니다. 이처럼 감정은 정보를 선택하고 저장하는 과정뿐 아니라, 저장된 기억을 떠올릴 때도 영향을 끼칩니다.

그러나 일반적으로 불쾌한 감정 상태일 때보다 즐겁고 유쾌한 감정 상태일 때 정보를 더 효과적으로 처리하고 잘 기억해 낸다고 합니다. 이는 즐겁고 유쾌한 감정일 때 긍정적인 의욕과 동기가 발생하면서 학습 의욕도 높아져 정보를 저장하고자 하는 동기가 증가하기 때문입니다.

내 감정은 항상 옳을까요?

간혹 "제가 화를 느끼는 게 잘못된 건가요?", "불안하면 안 되는 건가요?", "슬퍼하는 게 옳은 건가요?"라고 묻는 친구들이 있습니다. 자신이 느끼는 감정이 옳은지 묻는 것입니다. 이들은 자신이 느끼고 있는 감정들에 대해 확신을 갖지 못합니다. '어, 지금 뭔가 감정이 느껴지는데, 화가 맞나? 그런데 화를 느껴도 되는 상황인가? 잘못 느끼고 있는 건 아닌가? 다른 감정을 느껴야 하는 것 아닌가?'라고 고민하지요. 때로는 자신이 느끼는 감정이 아니라, 감정을 느끼게 된 상황을 장황하게 주변 사람들에게 설명합니다. 그때 상대방이 "너 정말 화났겠다"라고 얘기하면, 속으로 '어, 화날 만한 상황이었구나. 화를 느껴도 되겠구나'라고 안심하며 그제야 화를 받아들여 느낍니다.

왜 이들은 자신이 느끼는 감정에 대해서 확신을 갖지 못하는 것일까요? 우리는 태어나면서부터 감정을 느끼고 반응하며 표현합니다. 그런데 아직 경험이 많지 않은 여러분에게는 감정이 낯설고 당황스러울 수 있습니다.

"어, 가슴이 아프다. 왜 이러지?"

"심장이 자꾸 빨리 뛰고 얼굴과 몸에 열이 오르네. 마구 소리 지르고 장난감을 때려 부수고 싶다. 왜 이러는 거지?"

그럴 때 부모님이나 다른 사람들이 "수지가 많이 속상하고 슬프구나", 또는 "우리 수호가 정말 화가 많이 났나 보구나"라고 알려 주면 큰 도움이 됩니다. 수지는 자신의 반응에 대해 "난 지금 슬프구나. 슬퍼할 만한 일이구나"라고 이해하게 되고, 수호는 "지금 내가 화가 난 거구나. 화날 만한 일이구나"라고 자신의 감정을 받아들이게 되지요.

그런데 자신이 느끼는 감정을 다독여 주지 않거나 주변 사람들에게 무시당하거나 제지받으면, 스스로도 자신의 감정을 무시하고 부정하게 됩니다. 자신이 느끼는 감정에 대해 스스로 확신을 갖지 못하기 때문에 혼란스럽고, 불안정하며, 자신감도 잃게 되지요.

친구들은 지오에게 자꾸 장난을 치고 놀립니다. 지오는

그럴 때마다 속으로 "뭔가 기분은 나쁜데. 화내도 되는지 모르겠다. 어쩌지?"라고 망설이다가 돌아섭니다.

지우는 자신과 한 약속을 잊어버린 윤경이에게 "나 정말 네게 화가 나서든"이라고 말했습니다. 그러자 윤경이는 "화가 나면 안 되지. 그건 화날 만한 일이 아니거든"이라고 주장했습니다. 이렇게 윤경이처럼 상대방의 감정에 대해 그렇게 느끼는 것은 옳지 않다고, 잘못되었다고 말하는 경우도 종종 볼 수 있습니다.

그렇다면 어떤 감정이 옳은 것이고, 어떤 감정이 그른 것일까요? 어떤 감정은 느껴도 되고, 어떤 감정은 느껴서는 안 되는 것일까요?

이 질문에 대한 답은 간단합니다. 모든 감정은 옳습니다. 그른 감정이란 없습니다. 모든 감정은 그렇게 느껴질 만한 이유가 있고, 또한 자연스러운 것입니다. 감정은 자극에 반응해서 자신이 바라는 것과 관련하여 어떤 생각을 하는 순간 발생합니다. 감정을 느낀 당사자가 자극에 대해 어떤 생각을 하고 무슨 감정을 느끼든 그것은 자연스러운 반응입니다. 그것이 슬픔이든 불안이든 부끄러움이든 두려움이든 분노이든 말이지요.

따라서 여러분이 감정을 느끼고 있다면, 그 감정이 무엇이든 자연스럽게 느끼게 된 것입니다. 물론 여러분이 그 감정을 일으킨 자극에 대해 자신과 관련된 어떤 생각을 했기 때문에 느끼게 된 것이지요. 마찬가지로, 다른 친구가 어떤 감정을 느끼고 있다면, 그 또한 자연스러운 것입니다.

**감정에도
좋은 것과
나쁜 것이
있을까?**

감정에는 크게 유쾌한 감정과 불쾌한 감정이 있습니다. 유쾌한 감정은 사랑, 자비, 희망, 흥미, 즐거움과 같은 긍정적인 느낌을 주는 감정들인 반면, 불쾌한 감정은 불안, 슬픔, 분노, 당황, 수치심, 죄책감, 혐오감과 같이 부정적인 느낌을 주는 감정들이 포함됩니다.

오해하기 쉬운 것 중 하나가 불쾌한 감정은 부정적이어서 삶에 도움이 되지 않으니 느끼지 말아야 한다는 생각입니다. 그러나 유쾌한 감정이든 불쾌한 감정이든 우리의 생존과 적응을 돕기 위한 것입니다. 특히, 불쾌한 감정은 위험이나 위협과 관련된 상황에 많이 느껴지므로, 느끼지 못한다면 환경의 위험으로부터 살아남지 못할 것입니다. 따라서 유쾌한 감정과 불쾌한 감성 모두 우리에게 도움을 주는 것이지요.

그런데 우리에게 해로운 감정들도 있습니다. 찬열이는 늘 걱정이 많고 불안합니다. "아침에 늦잠 자면 어떡하지?", "학교에 늦으면 어떡하지?", "교통사고로 다치면 어떡하지?", "엄마에게 안 좋은 일이 일어나면 어떡하지?", "선생님이 나만 미워하면 어떡하지?" 온종일 이런 걱정을 하고 있노라면 늘 불안하고 긴장됩니다. 급기야 걱정 때문에 잠도 잘 못 자고, 밥도 잘 못 먹으며, 계속 말라만 갑니다.

재림이는 어릴 때 지나치게 강압적인 부모님 아래에서 자랐습니다. 조금만 잘못해도 심하게 야단맞으며 비난받았습니다. 재림이는 그런 부모님에게 전혀 항변하지 못했고 그저 긴장하며 조심히 행동했습니다. 초등학교 5학년이 된 재림이는 친구들에게 별것도 아닌 일에 갑자기 버럭 화를 내며 욕을 합니다. 혹여 친구들과 싸움을 하게 되면 눈에 보이는 것이 전혀 없는 것처럼 무섭게 달려들어 죽일 듯이 때립니다. 친구들은 재림이가 불편하고 무섭습니다.

감정은 자극에 반응해 자연스럽게 느껴지고, 그렇게 발생한 감정은 우리에게 필요한 정보를 준다고 했습니다. 그런데 찬열이가 느끼는 불안과 재림이가 느끼는 화는 자연스러운 것일까요? 그 상황에서 필요한 정보를 주는 것일까요? 그렇지 않습니다. 이 감정들은 지금 상황에 도움이 되기는커녕, 찬열이와 재림이를 더욱 불편하고 힘들게 만들고 있습니다. 그 상황에서 자연스럽게 발생한 감정이 아니라, 불필요하게 오작동하고 있는 감정들이기 때문입니다.

그럼 이 감정들은 왜 생긴 것일까요? 4장에서 그 이유에 대해 자세히 얘기하겠습니다. 쉽게 말하면 이 감정들은 현재에 반응해서 자연스럽게 나온 것이 아니라, 과거에 해소되지 못한 채 남아 있다가 튀어나온 것입니다. 과거에 발생한 감정이 제대로 다루어지지 않아 호시탐탐 기회를 엿보다가 튀어나와 분출된 것이지요. 이런 감정들은 소위 나쁜 감정이라고 일컫습니다.

나쁜 감정인지 알 수 있는 방법이 있을까요? 찬열이의 불안과 재림이의 화를 보면서 "왜 저러지? 너무 지나친 것 아니야?"라는 생각이 들었을 것입니다. 즉 현재 자극에 비해 너무 지나치다고 느껴질 때, 나쁜 감정일 가능성이 큽니다. 이때 우리는 어떻게 해야 할까요? 나쁜 감정들이 생기지 않도록 노력하고, 우리에게 영향을 미치는 나쁜 감정들을 하나씩 떠나보내는 작업을 해야 할 것입니다.

4장

감정에게
무엇을 해 줘야
할까요?

감정이 원하는 것은 뭘까요?

감정은 우리가 환경으로부터 생존하고 적응할 수 있도록 마련된 장치입니다. 감정이 느껴질 때 우리는 그 감정이 무엇인지 알아차리고, 감정이 주는 정보를 파악하여 상황에 보다 잘 적응할 수 있도록 활용합니다. 이렇듯 감정은 우리 삶에 없어서는 안 되는 존재입니다. 언제나 우리 곁에서 필요한 정보와 도움을 주는 친구이며, 삶의 나침반이자 안내자이기 때문이지요.

그런데 이렇게 많은 도움을 주는 감정은 우리에게 원하는 것이 없을까요? 우리는 감정에게 무엇을 해 줘야 할까요?

균성이는 화, 슬픔, 불안을 느낄 때 당황스럽습니다. 감정을 느낄 때 어떻게 해야 할지 몰라서 불편한 것입니다. 그래서 화가 나더라도 참고 다른 사람들에게 애써 화가 나지 않은 척합니다. 슬플 때도 담담하려고 애쓰고, 속마음은 긴장되고 안절부절못해도 불안하지 않은 척합니다.

　그런데 차분하고 담담해 보이는 탓에 많은 친구들이 균성이를 찾아와 자신의 고민을 털어놓습니다. 특히 윤아가 자신의 감정을 자주 표현하는데, "힘들어", "정말 화가 나", "나 진짜 억울하거든", "요새 우울해" 등의 얘기를 하면 뭐라고 말해 주어야 할지, 무엇을 해 주어야 할지 몰라서 속마음은 당황스럽고 불편하기만 합니다. 그럴 때마다 균성이는 "이렇게 해 보면 어떨까?"라면서 윤아에게 조언이나 문제 해결 방법을 제안하곤 합니다.

　한편 윤아는 균성이에게 감정을 표현할 때마다 왠지 이해받지 못한 것 같아 찝찝하고 불편합니다. 그래서 집에 돌아와 엄마에게 다시 얘기를 털어놓곤 합니다. 그러면 가만히 듣고 있던 엄마는 얼마 지나지 않아 "이건 이렇게 했어야지", "저건 저렇게 하는 게 더 나았어", "왜 바보같이 그렇게 해서 속상해하는데?"라며 잔소리와 핀잔을 시작합니다. 엄마의 얘기를 듣다 보면 맞는 말인 것 같긴 하지만, 윤아는 왠지 모르게 답답하고, 허전하며, 외롭습니다.

　윤아와 균성이처럼 사람들은 감정을 느낄 때 스스로 감정을 어떻게 다뤄야 할지 잘 몰라 당황스러워합니다. 감정을 느끼는 것이 부담스럽지요. 하물며 다른 사람이 자신에게 감정을 표현하면, 더욱 막막하고 어떻게 해 줘야 할지 부담감은 더욱 커집니다. 뭔가를 해 줘야 한다는 부담감에 원인이나 문제 해결 방법에 대한 다양한 조언을 하지만, 정작 상대방은 그 조언을 달가워하지 않습니다. 오히려 자신의 감정이나 상황을 이해받지 못한 것 같아 서운하고 허전함을 느낍니다.

그럼 감정이 원하는 것은 도대체 무엇일까요? 사람들이 생각하는 것처럼 조언이나 해결책일까요? 결코 그렇지 않습니다. 감정이 원하는 것은 단 한 가지뿐입니다. 그것은 바로 느끼고 표현되는 것입니다. 감정이라는 것은 자극에 반응해서 발생하여, 느껴진 뒤 충분히 표현되면 사라지고 맙니다. 그래서 매 순간 어떤 자극에 반응해 발생한 감정을 느끼고 표현하면 사라지고, 또 다른 자극에 발생한 새로운 감정을 느끼고 표현하면 또다시 사라집니다.

자신의 감정이든 다른 사람의 감정이든 느끼고 표현되도록 도와주세요. 화가 나면 화를 느끼고 표현하면 되고, 슬프면 슬픔을 느끼고 표현하면 됩니다. 그렇게 화, 슬픔, 불안 등의 감정을 그대로 느끼고 충분히 표현하고 나면 그 감정들은 자연스럽게 가라앉고 사그라지게 됩니다.

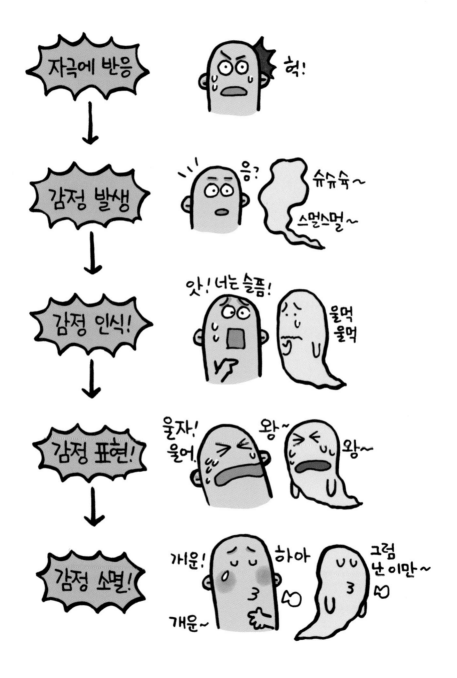

묵은 감정은 한 맺힌 귀신이 된다고요?

감정은 우리 곁에 늘 함께하는 친구입니다. 평소에는 조용히 있다가, 필요한 순간 나타나 유용한 정보와 도움을 줍니다. 그때 상황에 따라 화, 슬픔, 불안, 기쁨 등을 띤 다양한 얼굴로 나타나는데, 이 감정의 얼굴들은 한번 발생하면, 느끼고 충분히 표현되어야 사라집니다.

만약 느끼고 표현되지 못하면 어떻게 될까요? 감정은 오직 느끼고 표현되어야 사라지기 때문에, 계속 기회를 엿보면서 자신이 표현되어 밖으로 나갈 궁리를 합니다. 감정을 참고 억누른다고 해서, 조용히 사라지거나 가만히 있지는 않습니다. 이렇게 발생은 했으나 느끼고 표현되지 못한 채, 우리 가슴에 구석구석 쌓여 있는 감정들이 무수히 많지요. 1년 전에 아빠가 사람들 앞에서 야단칠 때 놀라고 창피했던 감정, 잘못하지도 않았는데 엄마가 동생 말만 듣고 혼내 억울하고 화났던 감정, 친한 친구가 자신만 빼놓고 다른 친구들과 놀러 가서 서운했던 감정. 이 수많은 감정들이 곳곳에 숨어서 어떻게든 느끼고 표현되어 해소될 수 있는 기회를 엿보며 기다립니다.

이렇게 묵은 감정들은 오직 느끼고 표현되기만을 바라는

한 맺힌 귀신과 같습니다. 『장화홍련전』에서 억울하게 죽은 장화와 홍련 자매는 이승을 떠돕니다. 그러던 어느 날 한 사또가 장화와 홍련의 억울한 누명을 벗겨 주고 몹쓸 짓을 한 사람들을 벌함으로써 한이 풀리지요. 장화와 홍련은 사또에게 감사의 절을 하고 비로소 저승으로 떠나갑니다.

감정 귀신들도 마찬가지로, 우리 몸에 붙어서 또는 우리 주변을 맴돌며 한을 풀어 달라고 다양한 신호를 보냅니다.

"나 여기 있어! 나를 바라봐 줘! 나를 느끼고 표현해 줘! 나를 해소시켜 줘!"

만약 그 감정 귀신의 존재를 깨닫고, 느낀 뒤 충분히 표현해 주면 한이 풀린 감정 귀신은 기뻐하며 곁을 떠날 것입니다. 감정 귀신이 맴돌 때는 어깨가 짓눌리는 느낌이 들고 몸이 무겁지만, 떠난 뒤엔 몸과 마음이 한결 가볍게 느껴집니다.

왜 자꾸 집중이 안 될까요?

감정 귀신은 한을 풀어 달라고 어떤 신호를 보낼까요?

연희는 요새 학교 수업 시간에 집중이 잘 안됩니다. 선생님의 말씀도 귀에 잘 들어오지 않고, 책을 봐도 글자가 눈에 들어오지 않습니다. 집에서도 집중을 잘 못하는 연희를 보고, 엄마는 걱정을 하며 자꾸 나무랍니다.

"연희야, 도대체 무슨 딴 생각을 그렇게 하는 거야? 책상에 앉아 있기만 하지, 책장이 넘어가지를 않네. 왜 그렇게 주의가 산만하니?"

연희 또한 걱정되기는 마찬가지입니다. 사실 연희에게는 최근에 신경 쓰이는 일이 생겼습니다. 단짝 친구 아라와 싸워서 얼마 전부터 냉전 중이기 때문입니다. 사소한 일 때문에 싸우게 되었는데, 서로 심한 말을 하며 화를 내다가 결국엔 토라져서 요즘 말도 하지 않습니다. 연희는 계속 아라가 신경 쓰입니다. 책을 볼 때도, 수업을 들을 때도 "어떻게 하지? 아라와 어떻게 화해를 하지? 지금 나에게 화가 많이 나 있을 텐데", "뭐야, 나랑 이렇게 냉전 중이면서 다른 애랑 시시덕거리다니! 수정이랑 언제부터 그렇게 친했다고" 등등 연희의 머릿속에는 온통 아라 생각뿐입니다.

무엇이 연희를 이렇게 만들었을까요? 바로 아라와 싸운 일로 여러 감정이 발생했기 때문입니다. 아라에게 화난 감정, 아라와의 관계가 잘못될까 봐 불안한 감정, 아라가 수정이랑 더 가까워진 것에 대해 서운하고 질투 나는 감정

등이 발생했지만, 다루지 않은 채 참고 내버려 두었지요. 그렇게 마음속에 담아 둔 감정들이 느끼고 표현하여 해소될 때까지 다양한 신호를 보내며 연희를 괴롭히고 있는 것입니다.

감정 귀신이 가장 먼저 영향을 미치는 것은 바로 주의 집중력입니다. "주의를 집중해야지", "주의를 어디에 둔 거야?", "주의를 기울여야 무슨 말인지 알아듣지"와 같이 평소에 주의라는 단어를 자주 사용합니다. 주의는 우리가 공부, 게임, 대화 등 무슨 일을 하든지 반드시 필요한 것입니다. 주의해야만, 일을 제대로 처리할 수 있습니다.

아라와 싸운 일, 아침에 엄마에게 야단맞은 일, 아빠에게 대들었던 일, 친구에게 심한 말을 했던 일과 같이 불쾌한 감정을 느낀 경험을 했는데, 그 감정을 제대로 다루지 않으면 자꾸 신경이 쓰입니다. 신경이 쓰인다는 것은 "주의가 간다", "주의가 쓰인다"라는 뜻입니다. 주의는 다른 말로 '에너지'를 말합니다. 즉 해소되지 않은 감정 경험(감정을 느낀 경험)에 에너지가 잔뜩 사용되고 있다는 것을 뜻합니다.

그런데 인간이 한 번에 쓸 수 있는 에너지의 양은 무한할까요? 영화에서 본 슈퍼맨이나 원더우먼처럼 우리에게도 한 번에 수만 가지 일을 해도 끄떡없을 만큼 무한한 에너지가 있다면 얼마나 좋을까요? 그러나 그건 어디까지나 영화일 뿐입니다. 현실에서 인간은 그렇지 못하답니다. 인간이 한 번에 쓸 수 있는 에너지의 양은 한정되어 있어서, 한 곳에 에너지가 지나치게 많이 사용되면 다른 곳에 사용할 에너지의 양이 줄어듭니다.

무슨 일을 하든지 주의가 필요하고 에너지가 쓰입니다. 선생님의 말씀을 들을 때도, 이해하려 할 때도 에너지가 쓰입니다. 책을 보고 공부할 때는 두말할 나위가 없지요. 요즘 연희는 온통 아라와의 관계에서 생긴 감정 경험에 에너지를 사용하느라, 다른 데 사용할 에너지가 별로 없습니다. 따라서 책의 내용에도 집중할 수 없고, 선생님의 말씀에도 지속적으로 주의를 기울일 수 없었던 것이지요.

이처럼 해소되지 않은 감정 경험이 있으면, 우리의 주의를 빼앗아 가서 결국 주의 집중이 안 되고 산만해지게 됩니다. 만약 최근에 자꾸만 집중이 잘 되지 않는다면, 한번 되돌아보기 바랍니다. 무엇에 신경을 쓰고 있는지, 해소되지 않은 감정 경험은 없는지 말입니다. 그리고 다시 집중이 잘 되길 바란다면, 그 감정 경험을 들여다보고 그 속에서 느꼈던 감정들이 무엇인지 하나하나 되짚어서 느끼고 충분히 표현하여 해소되도록 노력해 보세요.

자주 잊어버리고 성적도 떨어져요

호준이는 요새 준비물을 깜박 잊고 안 가져오는 일이 잦아지고, 성적도 자꾸만 떨어져 걱정입니다. 담임 선생님은 보다 못해 호준이를 불렀습니다.

"호준아, 혹시 무슨 일이 있니? 선생님에게 말해 봐. 조금이라도 도움이 될지 모르잖아."

호준이는 한참을 머뭇거렸지만, 차마 입이 떨어지지 않았습니다. 얼마 전 호준이 아버지가 직장을 잃었습니다. 갑자기 어려워진 가정 형편 때문에 어머니가 일을 시작했고, 부모님이 언성을 높이며 다투는 일도 자주 생겼습니다. 그럴 때마다 호준이는 방에서 혼자 가슴을 졸였습니다.

"이러다 부모님이 이혼하시면 어떡하지? 우리 집에 안 좋은 일이 생기면 어떡하지? 학교 다니기가 어려워지면 어떡하지?"

호준이는 책상에 앉아 있어도 도저히 집중이 되질 않습니다. 모든 것이 걱정되고 불안하기만 했지요.

지금 호준이는 가정의 불화로 불안한 감정을 경험하고 있습니다. 이 감정은 호준이의 기억력과 성적에 어떻게 영향을 미칠까요? 여기에서 잠깐 기억에 대해 알아볼까요?

특정 정보가 기억되기 위해서는 기억의 저장고로 이동해야 합니다. 기억의 저장고는 여러 종류가 있는데, 일시적으로 잠깐만 기억하는 반짝 기억, 비교적 짧은 기간 동안 기억하는 단기 기억, 오랫동안 기억하는 장기 기억 등이 있습니다. 특정 정보가 얼마 동안 기억이 될지는 얼마나 자주 반복해서 주의를 기울였느냐에 달려 있습니다. 여러 번 반복해서 주의를 기울일수록 오래도록 기억됩니다.

그런데 제대로 다루지 않은 감정 귀신은 주의와 에너지를 앗아갑니다. 따라서 정보에 반복해서 기울여야 할 주의의 양이 줄어듭니다. 주의하는 반복 횟수가 줄어드니 기억력이 떨어지고, 깜빡 잊는 경우들이 생기는 것이지요. 쉽게말해 정신을 딴 데 쓰느라 기억을 잘 못하는 것입니다.

초등학교부터 성인이 되어서까지 여러분은 쪽지 시험, 중간고사, 기말고사, 모의고사, 입학시험, 자격증 시험 등 온갖 시험들을 치르게 됩니다. 시험이란 일정 기간 동안 일정 범위 내의 정보를 기억의 저장고로 얼마나 많이 옮겼는지를 확인하는 것입니다. 많은 정보를 기억할수록 시험 성적이 좋아집니다. 그런데 감정 귀신의 영향으로 해소되지 않은 감정 경험에 주의를 많이 쓰다 보니, 기억의 저장고로 옮길 수 있는 정보의 양이 줄어들게 됩니다. 즉 시험 성적이 안 좋게 되는 것이지요.

문득 감정 귀신이 엄습해 올 때가 있어요

유리는 가끔씩 갑자기 심장이 벌렁벌렁거리고 불안해집니다. 뭔가 안 좋은 일이 일어날 것만 같아 불안합니다. 호준이는 친구들과 재미있게 놀다가도 별일도 아닌 것에 욱하고 화를 내곤 합니다. 소은이는 이유도 없이 문득 울컥하고 눈물이 나곤 합니다. 친구들은 그런 소은이에게 "너 벌써 사춘기 왔냐?"라고 놀립니다.

유리와 호준이, 소은이 모두 이유도 없이 감정에 휩쓸린다고 하소연합니다. 정말 이유도 없는데 감정에 휩쓸리는 걸까요? 결코 그렇지 않습니다. 자세히 들여다보면 모두 덮어두었던 감정들이 있답니다. 얼마 전에 유리는 동생이랑 장난치다가 아빠가 매우 아끼는 기념품을 깨뜨렸습니다. 많이 놀란 데다 아빠에게 들켜 야단맞을 것을 떠올리니 무서웠습니다. 유리는 깨진 기념품을 테이프로 잘 붙여서 눈에 잘 띄지 않는 곳에 진열해 놓았는데, 한 달이 지나도록 아빠가 별말씀이 없습니다. 이대로 잘 넘어갈 수 있을 것 같아

가슴을 쓸어내리며 괜찮다고 생각합니다. 그런데 가끔씩 자신도 모르게 가슴이 떨리고 불안한 감정이 듭니다. 유리는 이유를 모르겠다고 하지만, 바로 그 사건으로 인해 발생한 감정들이 유리에게 말을 거는 것입니다.

호준이의 부모님은 계속되는 불화로 결국 이혼하기로 결정했습니다. 호준이는 부모님의 일방적인 결정으로 어머니와 같이 살게 되었습니다. 호준이는 부모님에게 화가 났습니다. 부모님이 서로 싸우는 바람에 가족이 깨져 버린 것, 다른 친구들처럼 평범하게 성장하지 못하게 된 것, 호준이의 의견은 물어보지도 않고 일방적으로 이혼과 호준이의 거처를 정해 버린 것에 모두 화가 났습니다. 그러나 너무 심각한 분위기 속에서 차마 화를 낼 수 없었고, 그저 참을 수밖에 없었습니다.

소은이는 얼마 전에 할머니가 돌아가셨습니다. 부모님이 맞벌이를 하시는 탓에 소은이는 태어났을 때부터 할머니의 손에 키워졌습니다. 하지만 할머니가 언제나 함께 계셔 주었기 때문에 늘 마음이 따뜻하고 외롭지 않았습니다. 갑작스런 할머니의 죽음에 소은이는 어떻게 해야 할지 몰랐습니다. 멍하고 담담했습니다. 소리 내어 슬피 울 수도 없었습니다. 그렇게 할머니의 상을 치르고, 현실로 돌아온 소은이는 여느 때처럼 등교하여 아이들과 어울렸습니다. 그러나 잘 지내다가도 문득 가슴이 허전하고 슬퍼서 눈물이 흐르곤 했습니다.

이처럼 유리는 아빠에게 혼날까 봐 심한 불안을 느꼈고, 호준이는 이혼을 결정한 부모님에게 화가 났으며, 소은이는 돌아가신 할머니로 인해 슬픔을 느꼈습니다. 그러나 이들 모두 그 감정을 마주하고, 느끼며, 충분히 표현하지 않았습니다. 그저 참고, 담아 두며, 애써 담담한 척 했습니다. 그렇게 불안, 화와 슬픔은 감정 귀신이 되고 말았던 것입니다. 감정 귀신들은 주변을 맴돌면서 "나 여기 있어. 여기 있단 말이야"라고 계속 메시지를 보내며 느끼고 표현될 기회만을 엿봅니다. 그래서 유리, 호준, 소은이는 자신도 모르게 갑자기 불안해하고, 화가 나며, 눈물이 흐르곤 했던 것입니다.

몸에 이상이 없다는데 자꾸 아파요

지민이는 한 달 전부터 심한 두통이 생겼습니다. 처음에는 머리가 지끈거릴 때 약을 먹으면 효과가 있는 듯 했으나, 지금은 잠시만 괜찮을 뿐 다시금 머리가 아파옵니다. 병원에 가서 검사를 해 보아도 특별한 이상은 없다고 합니다. 그런데 왜 지민이는 자꾸 머리가 아플까요?

지민이 부모님은 모두 일류대를 나와 변호사와 교수로 일합니다. 외동딸인 지민이 또한 최고로 키우기 위해서, 어릴 때부터 영어유치원과 온갖 학원에 보냈습니다. 부모님은 항상 지민이의 성적을 비롯한 여러 성취도를 점검하고 이끌어 줍니다. 6학년이 된 지민이는 요새 걱정이 많습니다. 부모님이 원하는 특수 중학교에 입학할 자신이 없어서입니다. 그렇게 근심과 걱정이 늘어나고 불안해하다 보니, 얼마 전부터는 공부와 입시 생각만 해도 머리가 지끈거리고 아픕니다. 부모님은 지민이가 두통 때문에 공부하기 어려워하는 것 같아 걱정이 많습니다.

두준이는 중요한 시합을 앞두기만 하면 배가 슬슬 아프기 시작합니다. 화장실을 다녀오느라 시합 시간을 놓친 적도 있습니다. 왜 평소에는 괜찮다가 중요한 시합만 있으면 배가 아플까요? 부모님은 어릴 때부터 운동에 재능을 보인 두준이에게 기대가 큽니다. 하지만 두준이는 그런 기대가 부담스럽기만 합니다. 시합에서 지면 부모님이 크게 실망하며 나무라는데, 그때마다 두준이는 풀이 죽을 뿐 아니라 미안함과 죄책감마저 느낍니다. 그러다 언제부턴가 부모님의

기대가 큰 중요한 시합이 다가올 때마다 배가 아프기 시작했습니다. 시합 시간이 다가올수록 배가 아리고 아파서 화장실에 가지 않으면 안 되는 상황이 됩니다. 두준이는 이제 시합에서 이기느냐보다, 시합 때 배가 아플까 봐 걱정되고 불안합니다.

해소되지 않은 감정은 귀신이 되어서 우리에게 다양한 신호를 보냅니다. 바로 자신의 존재를 알아차려서 지금이라도 느끼고 표현해서 해소시켜 달라는 거지요. 떠날 수 있게요. 먼저 주의를 빼앗아 집중력을 떨어뜨리고, 그 결과 기억력도 떨어지며, 성적도 안 좋아집니다. 또한 갑작스럽게 감정에 휩쓸리게 하기도 하고요. 이런 다양한 신호에도 불구하고 우리가 감정 귀신의 존재를 깨닫지 못해 한을 풀지 못하면 급기야 몸의 신체 감각을 건드려서 신호를 보냅니다. 주로 두통, 복통, 소화불량이 나타나는데, 가끔은 손이나 다리가 저리기도 하고, 마비되기도 합니다.

만약 특별히 몸에 이상이 없는데도 자꾸만 아프다면, 참고 억눌러 놓았던 감정 경험이 없는지 가만히 돌아보세요. 마음 쓰이는 감정 경험을 떠올려 보세요. 여러분이 무시했던, 괜찮다고 다독였던 감정 경험들이 실은 한이 되어서 주변을 맴돌고 있을지도 모르니까요.

감정이란 친구는 우리 곁에서 삶에 필요한 다양한 정보를 주고 안내합니다. 대신에 우리에게 감정 자신을 외면하지 않고 똑바로 마주하며 느끼고 표현하기를 요구합니다. 만약 이를 들어주지 않으면 떼를 쓰며 힘들게 합니다. 즉 감정은 원하는 것을 들어 달라고 하는 어린아이와 같습니다.

단비는 항상 울기만 하는 울보입니다. 놀고 싶을 때도, 잠을 자고 싶을 때도, 먹고 싶을 때도 울기만 합니다. 아무리 울어도 자신이 원하는 것을 들어주지 않으면, 화를 내며 더욱 큰 소리로 울지요. 단비처럼 어린아이는 자신이 원하는 것을 정확히 말로 표현하지 못합니다. 그저 투정과 심술을 부리고 떼를 쓰는 등의 행동을 통해 자신이 원하는 것을 해 달라고 신호를 보냅니다. 그럴 때 그 행동에 대해서만 비난하고, "왜 그렇게 우니? 뚝 그쳐!", "조용히 좀 있어. 넌 왜 그렇게 말썽이니?", "형이 그러지 말랬잖아. 말 좀 들어"라고 나무라며, 억누른다면 어떻게 될까요?

어린아이는 자신의 마음이 이해받지 못한 것에 속상하고 화가 나서 더욱 심술부리고 떼쓸 것입니다. 아이의 이런 떼쓰는 행동은 자신의 마음을 알아 달라는 몸부림입니다. 그러나 우리는 이 아이를 어떻게 다루어야 할지 몰라 당황스럽습니다.

그런데 방법은 어렵지 않습니다. 아이의 행동을 나무라기보다 먼저 무엇 때문에 속상해하고 있는지, 그리고 무엇을 원하는지를 파악해야 합니다. 그리고 그 마음을 알아주세요.

"단비는 놀고 싶었구나."

"현빈이가 많이 속상했구나. 형에게 주려고 열심히 만든 건데, 형이 알아주지 않아서 서운했구나. 오히려 어질렀다고 화만 내고. 미안해."

어린아이는 자신의 마음을 알아주고 표현해 주면 금세 누그러집니다. 언제 그토록 떼를 썼는지 모를 만큼 아무 일 없었다는 듯 다시 원래 상태로 돌아옵니다. 감정도 어린아이와 마찬가지랍니다. 감정들이 맴돌며 다양한 신호를 보내고 떼를 쓸 때, 그 감정을 마주하고 어떤 마음인지, 왜 그런 마음이 들었는지 알아주세요.

"화가 났구나. 무시당한 것 같아서 많이 속상하고 화가 났구나."

"슬펐구나. 홀로 외톨이가 된 것 같아 외롭고 슬펐구나."

"불안하구나. 잘 해서 인정받고 싶은데, 그러지 못할까 봐 많이 걱정되는구나."

감정이란 친구의 마음을 어린아이 대하듯 자상하게 알아주고, 표현하며, 공감해 주세요. 나아가 감정이 원하는 것을 해 주세요. 안전하게 말입니다. 그럼 감정은 자신의 마음을 알아주고, 공감해 주며, 원하는 것을 들어주니, 누그러져 더 이상 칭얼대거나 떼를 쓰며 괴롭히지 않을 것입니다.

5장

감정을
어떻게 다뤄야
할까요?

감정을 그대로 표현하는 게 항상 좋을까요?

감정은 우리 곁에서 생존과 적응을 돕는 없어서는 안 되는 친구입니다. 대신에 감정은 우리에게 느끼고 표현해 줄 것을 요구합니다. 그 요구를 들어줄 때까지 다양한 신호를 보내고 떼를 쓰는 등의 몸짓을 통해 우리의 삶에 영향을 미칩니다. 따라서 감정을 잘 활용하는 것도 중요하지만, 감정을 잘 다루는 것 또한 중요합니다.

감정을 잘 다루지 못하면 어떻게 될까요? 감정 귀신들의 영향으로 사람을, 건강을, 성적을, 지위를 잃을 수도 있습니다. 그럴 때마다 흔히 사람들은 "감정 때문에 일을 망쳤어", "감정 때문에 친구관계가 안 좋아졌어"라고 말합니다.

그런데 과연 감정 때문일까요? 감정은 없어서는 안 될 유익한 친구이지만, 그 친구에게 무엇을 해 줘야 할지 몰라서, 그 친구를 어떻게 다뤄야 할지 몰라서 원치 않은 일을 겪게 된 것입니다. 즉 감정 때문이 아니라, 감정을 다루고 조절하는 방법을 몰라서 겪는 일들인 거지요. 실제로 정서적 정보를 처리하는 능력인 정서지능은 여러 수준으로 나뉩니다. 그중 정서조절능력은 가장 중요하고 높은 수준에 해당하는 능력으로 여겨집니다.

그럼 감정 귀신을 만들지 않으려면 어떻게 해야 할까요? 그 방법은 간단합니다. 감정이 원하는 것을 즉시 들어주면 됩니다. 감정이 발생할 때마다 그 감정에 주의를 기울이고, 그대로 느끼며, 표현하도록 노력하는 것입니다. 매 순간 여러분의 감정을 알아차리려고 노력해 보세요. 감정을 바로 알아차리기 힘들 때는 몸에서 느껴지는 신체 감각들을 알아차려 보세요. 근육이 긴장되어 있지는 않은지, 심장 박동이 얼마나 빨리 뛰는지, 손이나 발에 땀이 나지는 않는지, 얼굴이 벌겋게 달아오르지는 않는지 말입니다. 지금 무엇을 느끼고 있는지 알아차려 보세요. 불안한지, 화나 있는지, 서운한지, 원망스러운지, 슬픈지, 부끄러운지, 질투가 나는지, 두려운지, 즐거운지.

이제 주변을 둘러보세요. 감정을 그대로 표현해도 괜찮은 상대나 상황이 있습니다. 평소에 여러분의 감정을 잘 들어주고 받아 주는 사람이라면, 감정을 표현해도 안전합니다.

단, 어떤 감정이든 수용해 주고 잘 표현되도록 도와주는 사람이어야 합니다. 표현하는 과정에서 이해받는다는 느낌이 들고 서로 상처를 주고받지 않는다면, 안전한 사람일 것입니다.

지금 느끼고 있는 감정을 그대로 느끼고 표현해도 괜찮은지 아니면 주변을 불편하게 하거나 표현하기 어려운 상황인지 판단해 보세요. 만약 특별히 감출 필요가 없는 감정이라면, 느끼고 표현해도 괜찮은 자리라면, 여러분이 지금 느끼고 있는 그 감정을 그대로 느껴 보세요. 그것이 감정을 대하는 가장 건강한 방법이니까요. 얼굴에 드러내고 자연스럽게 몸에서 표현되도록 내버려 두세요. 그렇게 느끼고 표현된 감정은 자연스럽게 해소되면서 사라질 것입니다.

그러나 수업 중이거나, 아이들과 어울려 활동을 하고 있을 때처럼 감정을 그때그때 느끼고 표현할 수 없는 상황이 자주 있습니다. 그럴 때는 어쩔 수 없이 감정을 담아둘 수밖에 없습니다. 하지만 그런 채로 잊어버리게 되면, 그 감정은 귀신이 되어 한을 풀려고 여러 방법으로 영향을 미칠 것입니다. 그러니 나중에 그 감정을 꼭 다시 불러서 느끼고 충분히 표현해서 해소시켜야 합니다.

그런데 여기서 주목할 점은, 감정은 결코 감정을 불러일으킨 상대방에게 표현하는 것을 원하는 것이 아니라는 것입니다. 많은 사람들이 상대방이나 주변 사람에게 표현하지 않으면, 감정을 해소시킬 수 없다고 착각하곤 합니다. 그래서 아무런 노력도 하지 않은 채 씩씩거리고 힘들어합니다.

효린이는 주변 사람들에게 성격이 활달하고 시원시원하다는 얘기를 자주 듣습니다. 뭔가 못마땅한 일이 있거나

기분 나쁜 일이 있으면, 곧바로 상대방이나 주변 사람들에게 표현하고 화를 내는 편입니다. 하루는 효린이가 친구 호정이에게 화가 났던 모양입니다.

"야, 너 그렇게 하면 안 되는 거야. 기분 나쁘잖아. 짜증 나게, 정말."

그렇게 짜증과 화를 내더니 곧 아무 일 없었다는 듯 다시 활발하게 어울립니다. 그러나 친구들은 효린이가 화를 낼 때마다 잔뜩 긴장되고 당황스럽습니다. 또한 효린이가 화가 풀린 듯 웃어도, 가슴 속에 아까 자신에게 화를 냈던 효린이의 얼굴이 맴돕니다. 자신을 비난했던 말들도 귓가에 맴돌아 마음이 불편하고, 서운하며, 화가 나기까지 합니다. 효린이는 자주 이렇게 말합니다.

"나는 쿨하잖아. 화를 잘 내긴 하지만, 뒤끝은 없다고."

하지만 친구들은 이런 효린이가 조심스럽습니다.

화를 내면 화가 사라질까요?

사람들은 상대방에게 자신이 화났다는 것을 전달하면서 동시에 화를 해소하고자 화를 냅니다. 그러나 화를 내는 것은 감정의 전달과 감정의 해소, 그 어느 쪽도 제대로 성공을 거두기 어렵습니다.

상대방에게 감정을 표현하는 가장 큰 목적은 감정을 전달하기 위해서입니다. 자신이 어떤 감정인지, 어떻게 그 감정을 느끼게 되었는지를 전달하려는 것입니다. 그런데 앞에서 말했듯이, 많은 사람들이 자신의 감정을 해소하기 위해 상대방에게 표현합니다. 사실 감정을 해소하기 위해 표현할 때에는 상대방이나 주변 사람이 꼭 필요하지 않습니다. 감정을 해소하기 위해 표현하는 것과 전달하기 위해 표현하는 것은 완전히 다르기 때문이지요.

화가 나서 이를 해소하려 할 때는 소위 용이 불을 뿜어내듯 얼굴은 시뻘개지고, 목소리는 격앙되며, 주먹을 쥐는 등 공격적인 몸짓으로 심한 말을 입에 담게 됩니다. 불을 뿜어내며 하는 말 안에는 상대방을 공격하며 상처를 낼 수 있는 끔찍한 말들이 포함되어 있곤 합니다. 물론 화가 어떻게 났는지 전달하기 위한 메시지 또한 말에 담습니다.

그런데 화를 낼 때 보이는 공격적인 표정, 몸짓, 비난의 말들이 상대방에게는 위험으로 인식됩니다. 그러면 상대방은 위험으로부터 자신을 보호하기 위한 감지기가 예민하게 작동하여 방어적인 태도를 취하게 됩니다. 모든 인간의

몸은 생존을 위해 우선적으로 반응하기 때문이지요. 화난 용이 내뿜는 불로부터 상처받지 않기 위해서 잔뜩 긴장하며 몸을 움츠릴 것이고, 공격으로부터 어떻게 자신을 방어할지, 이 상황에서 어떻게 벗어날 수 있을지 등을 꾀하는 데 모든 에너지가 쓰이게 됩니다.

어떻게든 자신을 보호하기 위해 화내는 친구의 행동에 제지를 가하거나, 친구의 말을 계속 듣지 않고 방어적인 말이나 변명을 늘어놓을 것입니다.

"내가 뭘 그렇게 잘못했니? 난 이래서 이렇게 한 거야."

또는 화내는 친구를 비난하고 공격할 것입니다.

"너는 항상 이게 문제야. 네가 그렇게 안 했다면 일이 이렇게 되었겠니?"

그러다 보면 에너지가 거의 남지 않아 정작 상대방이 전달하고자 한 메시지에는 주의를 기울일 수 없습니다. 전달하고자 한 진심 또한 이해하고 처리할 수 없습니다. 따라서 화를 내는 행동은 감정을 전달하는 데 항상 실패합니다.

그럼 이런 행동을 하면 감정이 해소되기는 할까요? 화날 때마다 바로바로 표현했던 효린이를 다시 떠올려 보세요. 효린이는 화를 잘 내지만 뒤끝이 없는 친구입니다. 뒤끝이라는 것은 당사자가 마음에 남겨 놓는 그 무엇을 의미합니다.

감정을 느끼고 표현한 사람에게 뒤끝이 있을까요? 화가 났을 때 화를 내며 충분히 표현해 버렸으니, 감정이 해소되었겠지요.

그런데 뒤끝이 없다는 건 모두에게 좋은 걸까요? 상대방이나 주변 사람들은 어떨까요? 효린이로부터 상처를 받고, 억울하거나 서운할 수도 있으며, 화가 날 수도 있습니다. 주변에 있던 친구들도 효린이가 낸 화에 기분이 불쾌해지고, 감정의 찌꺼기들을 떠안으며 영향을 받게 됩니다.

이 사람들은 효린이에 대해 어떤 마음을 품게 될까요? 억울하고 부당하다는 느낌에 화가 납니다. 우리는 억울하거나 부당한 일을 당했을 때 화가 나고, 화가 나면 대부분 이를 갚아 주려는 마음에 "어떻게 나에게 그렇게 얘기할 수가 있어?", "어떻게 나를 그렇게 대할 수 있어?" 하며 복수의 칼날을 갈게 되지요. 앞으로 효린이와 어울리지 않을 수도 있고, 효린이의 부탁을 거절할 수도 있으며, 효린이에 대해 주변 친구들에게 안 좋게 말할 수도 있습니다.

효린이 또한 친구들의 반응에 마음이 쓰입니다. "저 친구가 나에게 기분 나빠하면 어떡하지?", "나에 대해 안 좋은 얘기를 하고 다니면 어떡하지?" 하고 말이지요.

이렇게 상대방이나 주변 사람에게 감정을 표현하여 해소

하는 것은 여러 가지 부작용이 따릅니다. 감정을 해소하고 편안한 마음으로 돌아가고자 했던 목적 또한 이루기 힘들지요. 게다가 화를 낼수록 해소되기는커녕 상대방에게 이해받지 못한 것 같아서, 오히려 공격당한 것 같아서, 더욱 화가 치밀어 오르기 일쑤입니다.

화가 나는 것과 화를 내는 것은 어떻게 다를까요?

다솜이는 동생 은하와 인형을 가지고 놀다가 그만 싸우게 되었습니다. 은하가 막말을 하고 떼를 쓰자 더욱 화가 났습니다. 다솜이는 은하에게 소리를 지르고, 때리며, 화를 냈습니다. 그때 마침 들어오신 엄마가 소리쳤습니다.

"너희들 지금 뭐하는 기야? 둘 다 손들고 무릎 꿇어!"

다솜이는 억울한 마음에 대들었습니다.

"난 잘못한 것 없어. 은하가 자꾸 언니인 나한테 대들잖아. 심한 말도 하고. 은하가 화나게 해서 화낸 건데 뭐가 잘못된 거야?"

'화가 나니까 화를 내는 거다'라는 말은 과연 맞을까요? '화가 난다'라는 것은 '화를 느낀다'라는 것을 의미하고,

'화를 낸다'라는 것은 '화를 해소하기 위해 상대방에게 화를 표현하면서 화를 전달한다'라는 것을 말합니다. 모든 감정은 자극에 반응해서 자연스럽게 느껴지는 것이므로, 어떤 감정이든 느낄 수 있습니다. 그러나 느낀 감정을 어떻게 표현해서 해소하느냐는, 여러 방법 중에서 선택해야 하는 별개의 것입니다. 즉, 화가 나는 것은 자연스러운 느낌이지만, 상대방에게 화를 내는 것은 본인의 선택에 달려 있는 행동이지요.

또 화를 해소하기 위해 상대방이나 주변 사람에게 화를 내기로 선택한다면 그에 따른 책임을 져야 합니다. 수많은 부작용이 따르기 때문입니다.

첫째, 상대방이 상처를 받습니다. 화를 내는 것은 화난 용이 불을 뿜어내는 것에 비유될 수 있습니다. 화난 용이 뜨거운 불을 뿜어내는 것처럼 상대방에 대한 멸시, 비난 등 공격의 말이 포함되어 있기 때문입니다. 공격을 받은 상대방은 여기저기 화상을 입고 상처가 생깁니다. 자신이 함부로 대해졌고 존중받지 못했다는 생각에 상처를 받고 가슴이 아픕니다.

둘째, 비록 화를 내도록 만든 장본인이라 하더라도 상대방은 항상 억울합니다. 화를 받는 처벌이 온당하게 느껴지

는 경우는 거의 없습니다. 왜냐하면 화가 나는데 기여한 정도를 서로 다르게 생각하기 때문입니다. 화내는 사람은 상대방이 기여한 정도를 70퍼센트라고 생각하지만, 상대방은 60퍼센트 정도라고 생각할 수 있습니다. 이럴 경우, 10퍼센트라는 차이가 발생하여 자신이 기여한 것보다 더 처벌받았다는 생각에 억울하고 화가 납니다.

셋째, 자신의 잘못으로 인한 화가 아닌 경우에도 상대방은 억울합니다. 주변 사람들에게 짜증이나 신경질을 냄으로써 화를 내도록 만든 사람이 아닌, 엉뚱한 사람들에게 화를 내는 경우도 자주 있기 때문입니다. 잘못한 것도 없는데 부당하게 공격받았다는 생각에 상대방은 서운하고 억울합니다.

넷째, 상대방의 화를 불러일으킬 수 있습니다. 흔히 친구들에게 화나게 한 다른 친구에 대해서 욕을 하거나 화를 내는 경우가 많습니다. 이런 경우 친구들 입장에서는 자신에 대한 공격이 아니기 때문에 덜 위협적으로 받아들여집니다. 그러나 화라는 감정은 전이*가 되기 쉬워서, 함께 화를 느끼며 불쾌해질 수 있을 뿐 아니라, 참고 있었던 화가 올라올 수 있는 부작용이 따릅니다.

> ★전이 다른 곳으로 옮겨진다는 것을 의미한다.

즉 어떤 경우이든 화를 내는 것은 상대방이나 주변 사람들에게 부정적인 영향을 끼치게 됩니다. 이들 모두 억울하고, 부당하다고 느끼며, 화가 납니다. 그런데 화라는 감정은 항상 화를 일으킨 상대방에 대해 보복하고자 하는 동기를 유발합니다.

영준이의 엄마는 화를 잘 냅니다. 아빠나 다른 사람 때문에 화가 났으면서, 영준이의 사소한 행동을 트집 잡아서 버럭 화를 내며 심한 말을 퍼붓고 비난합니다. 영준이는 그런 엄마에게 정말 화가 납니다. 일단 엄마의 화가 다 풀릴 때까지 가만히 있지만 엄마가 괜찮아진 틈을 타서 평소에 하지 말라고 한 행동들을 함으로써 엄마의 속을 긁습니다. 그것이 영준이가 엄마에게 보복하는 방법입니다. 엄마 또한 영준이에게 화를 퍼붓고 나면, 아이에게 상처를 준 것은 아닌지, 그리고 영준이가 삐뚤어지고 반항하지 않을지 걱정됩니다. 즉 화를 낸 당사자 또한 화를 내면 보복이 돌아올 것임을 알기에, 자신이 낸 화가 언제 어떻게 자신에게로 다시 돌아올지 몰라서 불안하고 걱정이 되어 더욱 힘들어집니다.

특히 상대방에게 직접 화를 내는 것은 결코 해서는 안 되는 행동입니다. 다른 사람에 대해 화를 내는 것은 자신에 대한 공격이 아니기 때문에 받아줄 수 있습니다. 그러나 자신에게 화를 내는 것은 반드시 깊은 상처를 남깁니다. 상대방에게 함부로 대해지고 존중받지 못해서 상처받는 것이지요. 특히 화를 내면서 퍼붓은 비난의 말은 가슴에 비수가 되어 꽂힙니다. 따라서 화를 낸 친구에 대해 화가 날 뿐 아니라, 신뢰가 깨지면서 관계에 금이 갈 수 있습니다. 그 결과 친구로부터 등을 돌리게 되고 멀어질 수 있습니다. 친구에게 직접적으로 화를 내며 비난했다면 화해하는 것이 쉽지 않답니다. 그 행동 하나로 친구를 잃어버릴 수도 있다는 사실을 기억하세요.

유쾌한 감정도 조절해야 하나요?

지금까지 감정을 다루고 조절하는 것에 대해 알려드리면서 불안, 화, 슬픔 등의 불쾌한 감정을 주로 소개했습니다. 그러다 보니 다음과 같은 궁금증이 생겼을 것입니다. 유쾌한 감정은 조절할 필요가 없을까요? 불쾌한 감정만 조절하면 되는 걸까요?

감정을 다루고 조절하는 데 있어서 유쾌한 감정과 불쾌한 감정의 성질은 조금 다르답니다. 유쾌한 감정이든 불쾌한 감정이든 우리에게 필요한 정보를 주고 적응을 돕는 것은 똑같습니다. 또한 둘 다 일단 발생하면 느끼고 표현되어 해소되기를 원하지요. 기쁜 일이 생기면 기쁨을 느끼고 표현하고 싶어서 안달이 나니까요.

그런데 불쾌한 감정은 발생하면 감정의 종류나 상황 등에 상관없이, 일단 감소시켜 느끼지 않으려고 합니다. 화, 불안, 슬픔, 수치심과 같은 불쾌한 감정은 그 자체가 아무리 적응에 도움이 되는 친구라 해도, 일단 불쾌합니다. 앞서 말했듯이, 인간은 불쾌한 것을 원하지 않기 때문에 그로부터 벗어나려 하지요. 따라서 불쾌한 감정의 경우 감정이 주는 정보와 도움을 취하지만, 그 감정 자체가 불쾌하

기 때문에 감정을 감소시키고 해소시켜 떠나보내는 것이
주된 목적이 되는 것입니다.

반면, 기쁨, 즐거움, 행복과 같이 유쾌한 감정은 굳이 감
소시키거나 떠나보내려 하지 않습니다. 단, 예외가 있습니
다. 바로 감정을 그대로 느끼고 표현할 수 없는 상황에 처
해 있다면, 유쾌한 감정도 조절할 필요가 있습니다.

찬열이는 이번에 기말시험을 무척 잘 봐서 기분이 좋습니
다. 그런데 단짝 친구 재현이는 시험을 망쳤는지 기분이 좋
지 않습니다. 찬열이는 눈치 없이 그만 재현이 앞에서 시험
을 잘 봤다고 기뻐하며 자랑을 늘어놓았습니다. 기분이 무
척 상한 재현이는 토라져서 혼자 집으로 가고 말았습니다.

이렇듯 기쁨, 행복과 같은 유쾌한 감정은 홀로 있을 때는
특별히 조절할 필요 없이 마음껏 느끼면 됩니다. 그러나 다
른 사람과 함께 있는 사회적 상황에서는 감정을 참거나 감
추거나 완화시킬 필요가 있습니다. 오해를 살 수도 있고, 상
대방으로 하여금 질투심이나 시기심을 불러일으킬 수도 있
기 때문입니다. 특히 시기심과 질투심이 생긴 상대방이 날
카로운 칼날이나 화살을 겨누어, 해를 입을 수도 있습니다.

물론, 유쾌한 감정이 사회적 상황에서 주변 사람들에게
늘 질투심과 시기심을 불러일으키는 것은 결코 아닙니다.

오히려 기뻐하고 행복해하는 친구와 함께 있을 때 그 감정이 전이되어 우리 또한 즐거워지니 그 친구와 더욱 친해지고 어울리고 싶겠지요.

한편, 유쾌한 감정을 기대하는 상대방과 있는 상황이라면, 기쁜 감정을 겉으로 드러내어 마음껏 표현할 필요가 있습니다. 수지는 엄마의 생일을 맞이하여 자신이 할 수 있는 음식으로 작은 생일상을 준비했습니다. 저녁 무렵, 일이 끝나 고단하고 힘든 몸으로 돌아온 엄마는 조촐한 생일상을 보고 무척 기뻐했습니다. 비록 화려하지도 않고 음식도 별것 없었지만, 어린 수지가 기특하고 고마웠던 것입니다.

"와! 수지야, 정말 진수성찬이네. 엄마가 정말 기뻐. 감동받았어."

수지는 엄마의 기뻐하는 모습에, 무척 뿌듯했습니다. 만약 엄마가 기쁜 감정을 표현하지 않았다면, 수지는 무척 서운했을 것입니다.

감정은 어떻게 전달해야 할까요?

감정을 느끼게 되면, 사람들은 그 감정을 다른 사람들에게 표현하여 전달하고 싶어 합니다. 때로는 감정을 상대방에게 표현하지 않으면 해소되지 않는 것으로 착각하기도 합니다. 서운하거나 화가 났을 때 "그 사람에게 어떻게 표현하지? 내가 얼마나 서운했는지, 얼마나 화가 났는지 어떻게 알리지?"와 같이, 온종일 머릿속으로 상대방에게 감정을 어떻게 전달할지만 궁리한 채 다른 방법으로 감정을 조절할 생각조차 못합니다. "그래야 감정이 풀릴 텐데"라고 생각하면서 말이지요.

그럼 왜 우리는 감정을 전달하려고 할까요? 인간은 소통하는 사회적 동물이기 때문이 아닐까 싶습니다. 모든 인간은 다른 사람에게 자신을 표현하고 이해받길 원합니다. 말수가 적은 친구조차도 스스로 생각하기에 이해받을 수 있는 대상을 못 찾아서일 뿐, 기회만 된다면 자신을 표현하고, 이해받으며, 수용되기를 원합니다. 특히 감정을 느꼈다는 것은 평소에 관심을 가졌거나 바라던 것에 영향을 받았다는 것을 의미하니, 자신에게 매우 중요한 일이겠지요. 누군가로 인해서 영향을 받았다면, 그 사람으로 하여금 자신이 어떠한 영향을 받았는지, 얼마나 화가 났는지, 얼마나 불안했는지, 얼마나 서운했는지, 얼마나 슬펐는지, 얼마나 기뻤는지 알리고 싶을 거예요.

그러나 상대방에게 감정을 표현하여 전달하는 과정은 감정 자체를 해소하는 과정과 구분해야 합니다. 이 두 가지를 혼동했을 때, 감정 해소와 감정 전달 모두 실패하게 됩니다. 게다가 여러 가지 부작용이 발생하여 더욱 불쾌해지고 힘들어질 수도 있어요.

　　상대방에게 자신이 느낀 감정을 전달할지 말지는 바로 여러분이 선택하고 결정해야 할 문제입니다. 감정을 전달하기 전, 굳이 상대방에게 전달하지 않고서도 감정을 안전하게 해소할 수 있다는 것을 기억하세요.

　　그럼에도 만약 상대방에게 감정을 전달하기로 결정했다면, 감정을 전달하기 전에 반드시 그 감정을 해소하고 조절하는 작업을 먼저 하기 바랍니다. 감정이 해소되지 않았다면, 감정 귀신의 영향으로 감정의 찌꺼기들이 묻어서 함께 나가게 됩니다. 화가 아직 풀리지 않았다면 얼굴 표정은 경직되고, 목소리는 격앙되며, 손이나 몸에 잔뜩 힘이 들어간 공격적인 태도를 취하게 됩니다. 또한 말 안에도 상대방을 공격하거나 비난하는 내용이 섞여 있을 수 있지요. 그렇게 될 경우 상대방은 공격받는 것으로 여겨 감정을 제대로 전달할 수 없습니다. 즉, 전달 실패입니다.

　　또한 감정을 제대로 전달하기 위해서는 먼저 자신의

감정을 일으킨 자극이 무엇이고, 그 자극에 대해 어떤 생각을 하게 되어 그런 감정을 느끼게 되었는지 원인을 파악해야 합니다. 여러분이 상대방과의 관계에서 진정으로 무엇을 바랐는지 깨닫는 과정이 중요합니다. 그래야 상대방이 준 자극이나 행동 등이 어떤 감정을 일으켰는지 이해하게 되고, 다시는 그 감정을 느끼지 않도록 노력할 수 있습니다.

상대방에게 감정을 전달하기 전, 먼저 감정을 표현하여 해소하는 작업과 감정의 원인을 파악하는 작업 두 가지를 했다면 이제 감정을 어떻게 전달하는 것이 효과적인지 그 방법에 대해 알려드리겠습니다. 상대방에게 감정을 전달할 때는 다음의 세 가지를 순서대로 따라 하기 바랍니다.

1단계 감정 경험과 관련해서 상대방의 입장에 대해 이해했다는 표현을 하세요.

내 감정을 이해받기 바란다면, 먼저 상대방의 상황이나 입장을 이해해야 합니다. 그리고 그런 노력을 했다는 점을 상대방에게 전달하세요. 상대방도 왜 그런 말과 행동을 했는지 이해받고 있다고 느낄 때 비로소 여러분의 감정에 대해 관심을 갖고 이해하려는 여유를 가질 수 있습니다.

2단계 왜 그런 감정이 들었는지 '나 전달법'으로 전달하세요.

많은 친구들이 자신의 감정을 전달할 때 '너 전달법'을 사용합니다.

"네가 그런 말을 하니까 화가 나지."

"(네가) 나를 무시했잖아. 완전 열 받게."

모두 자신의 감정을 표현하기 위해 한 말이지만, 상대방이 주어이고 상대방의 말과 행동에 대해서 말하고 있습니다. 그럼 상대방 입장에서는 어떤 마음이 들까요? 상대방은 자신에 대한 비난이나 공격의 말이라고 생각하기 쉽습니다.

누구나 자신에 대해 하는 말에 대해서는 혹시나 비난이나 공격으로 상처받지 않을까 굉장히 긴장하고 방어적인 태도를 취하기 때문입니다. 따라서 자신에 대해 변명하거나 되받아 공격하기 바빠서 정작 여러분이 전달하고자 한 감정에 대해서는 들으려고도, 이해하려고도 하지 않습니다.

'나 전달법'은 내가 주어이고 내 감정과 생각에 대해서만 전달하는 방법입니다. 자신이 어떤 자극에 대해 어떤 생각을 하게 되어 어떤 감정을 느끼게 되었는지를 전달합니다. 어떤 자극과 관련해 무슨 생각을 하게 되었고 어떤 감정을 느끼게 되었다고 전달하는 것이지요. 이런 표현은 나에 대한 생각과 감정만을 얘기한 것이기 때문에, 상대방 입장에서도 좀 더 여유를 갖고 여러분의 감정에 대해 듣게 됩니다. 그리고 "아, 그렇게 생각했다면 그렇게 느낄 수 있었겠다"라고 이해할 수 있습니다.

3단계 느낀 감정과 관련해서 자신이 진정으로 바라는 것이 무엇인지 전달하세요.

감정을 느꼈다는 것은 상대방과 관련해서, 또 그 상황과 관련해서 바라는 것이 있었기 때문입니다. 다시 그런 불쾌한 감정을 느끼지 않기 위해서, 또한 친구와 보다 나은 관계로 발전하기 위해서, 여러분이 무엇을 바랐는지 전달하기 바랍니다. 친구와 친해지기를 바랐는지, 친구로부터 존중받기를 원했는지 말입니다.

자, 그럼 어떻게 적용할 수 있을지 예를 들어 볼까요?

재경이와 혜원이는 단짝 친구입니다. 그런데 함께 분식집에 갈 때마다 늘 성격이 급한 재경이가 계산을 하게 됩니다. 계산할 때 즈음 혜원이가 딴짓을 하거나, 자리를 늦게 정리하기 때문이지요. 한 번은 재경이가 "오늘은 네가 살거지?"라고 묻자, 혜원이는 "어쩌지? 나 오늘 지갑을 두고 나왔는데. 다음에 살게"라고 대답했습니다. 이런 일이 여러 번 되풀이되자 재경이 마음속에는 혜원이에 대해 섭섭하고 화나는 감정이 쌓이게 되었습니다. 재경이는 이대로는 도저히 안 되겠다 싶어서 큰 결심을 하고 혜원이에게 말을 꺼냈습니다.

1단계 혜원아. 내가 성격이 급하다 보니 먼저 돈을 내게 돼. 내가 용돈을 많이 받는 편이라, 네 입장에서는 돈을 내는 것에 대해 별 생각을 하지 않았을 수도 있어.

2단계 그런데 그럴 때마다 네가 나를 배려하지 않는 것 같이 생각되어서 나는 섭섭해져.

3단계 혜원아. 앞으로는 돈 낼 때 우리 서로 조금만 더 배려했으면 좋겠어.

약속을 잊어버린 윤경이에게 화가 난 지우의 경우도 이 3단계를 거친다면, 훨씬 더 자신의 감정을 잘 전달할 수 있습니다.

1단계 윤경아. 네가 요새 입시 준비 때문에 매우 바빠서 나와의 약속을 깜빡 잊어버릴 수 있다고 충분히 이해해.

2단계 그런데 네가 약속을 자꾸 잊는 것이 나와의 약속을 중요하게 생각하지 않는 것처럼 생각이 들어서 나는 정말 서운해.

3단계 많이 바쁘겠지만, 앞으로는 나와의 약속을 잘 지켜 주었으면 좋겠어.

이런 식으로 표현하는 게 물론 쉽진 않겠지만 이 세 단계를 기억하면서 자꾸 연습해 보세요. 상대방에게 자신의 감정을 표현하는 일이 훨씬 쉬워질 거예요.

최근에 이별이나 사과 등의 감정이 소모되는 일을 대신 해 주는 감정 대행 서비스 업체가 생겼다는 얘기를 들었습니다. 너무나 바쁜 삶 속에서 감정이 소모되는 일을 하지 않겠다는 현대인의 욕구가 반영된 새로운 서비스인 거지요. 왜 이런 서비스가 생겼을까요?

은아는 중학교 3학년이 되면서 친했던 친구들과 다른 반이 되었습니다. 그런데 새로운 친구들을 사귀는 것은 여간 어렵지 않았습니다. 은아는 친구 관계 문제로 고민이 부쩍 많아졌습니다. 엄마는 얼굴에 근심이 가득한 은아의 얼굴을 볼 때마다 걱정이 되었습니다. 자녀가 힘들어할 때 그 힘든 감정을 충분히 느끼고 표현하도록 도와주어야 한다는 얘기를 들은 엄마는 은아의 힘든 감정을 잘 들어 주고 표현하도록 도와주어야겠다고 결심했습니다.

엄마는 집에 돌아온 은아와 적당한 틈을 타서 얘기를 시도해 보았습니다. 처음엔 은아도 그런 엄마가 낯설었고 얘기하기가 꺼려졌습니다. 그러나 열심히 들어 주려는 엄마의 태도에서 조금씩 마음이 열리자, 학교에서 어떤 일이 있었는지 그리고 무엇 때문에 고민하는지 얘기하기 시작했습니다. 엄마는 처음엔 은아의 얘기를 잘 들어 주고 공감해 주려 했습니다.

그런데 점차 얘기를 들으면 들을수록, 속에서 화가 치미는 것이 느껴졌습니다.

'정말 속상하네. 우리 애가 뭐가 못나서 이렇게 힘들어하지? 그땐 이렇게 하면 되었을 텐데. 왜 그걸 모르지?'

이런 생각들이 들면서, 은아의 얘기를 듣기보다 조언을 하기 시작했습니다. 엄마와 은아의 언성이 점차 높아지기 시작했습니다. 은아의 얘기를 들어 주겠다던 엄마는 어느새 은아와 말다툼을 하고 있었고, 결국 감정이 상한 은아는 입을 닫고 등을 돌려 버렸습니다. 몇 년이 지난 뒤 대학생이 된 은아는 문득 학창 시절을 돌아보며 엄마에게 말했습니다.

"엄마, 내가 많이 힘들어했을 때 그저 들어 주기만 해도 되었어."

그 말에 엄마는 망치로 얻어맞은 듯한 충격을 받았고, 후회로 가슴이 아팠습니다.

많은 부모님들이 힘들어하는 자녀의 얘기를 듣고 공감해 주는 것을 굉장히 힘들어합니다. 왜 그럴까요? 그 이유는 바로 감정을 느끼는 것 자체에 상당한 에너지가 소모되기 때문입니다. 화가 날 때나 슬퍼서 실컷 울고 나면 기운이 없어 잠이 들곤 합니다. 그래서 바쁠 때는 감정을 느끼는 것

자체가 힘들어서, 감정을 외면하고 억눌러 버리는 경우가 많습니다. 친구의 감정을 함께 느끼며 공감해 주다 보면, 자신도 모르게 힘이 들곤 합니다. 때로는 친구의 감정을 들어 주는 것이 부담스럽고 힘겹게 느껴지지요.

특히, 자녀가 힘들어할 때 부모가 느끼는 감정은 굉장히 무겁습니다. 그것은 자녀가 자신보다 더 소중한 존재이기 때문이랍니다. 자녀가 힘들어하는 수준이 40 정도라면 부모는 그것을 100으로 느낍니다. 그 100의 무게를 감당하는 것이 너무 힘든 나머지, 자녀의 감정을 즉시 변화시키려 하지요. 조언이나 문제 해결 방법을 알려 주어서 부정적인 감정에서 긍정적인 감정으로 변화되기를 희망합니다.

이는 여러분에게 관심이 적어서가 아니라, 오히려 너무나 많은 사랑과 애정이 있기 때문입니다. 여러분의 힘든 감정을 그대로 느끼고 들어 주기에는 부모님 자신들이 버겁고 부담스러운 것이지요. 또한 여러분이 힘든 상황에 조금이라도 덜 처하기를 바라는 안타까운 마음에서 개입을 통해 좀 더 덜 힘들고 나은 감정을 느끼도록 도와주고 싶은 것입니다.

이처럼 감정을 느끼고 표현하여 해소하는 일에 상당한 에너지가 들어가는 것은 분명합니다. 그러나 감정은 이 과정을 통해서야만 자유로이 떠나보낼 수 있음을 기억하세요. 에너지가 들어가는 것이 힘들다고 감정을 그저 억누르려고만 한다면, 감정은 고집불통의 어린아이의 모습으로 여러분을 힘들게 할 것입니다. 또한 내 감정은 누가 대신해 줄 수 있는 것이 아닙니다. 생각이나 행동은 거짓말을 할 수 있지만, 감정은 그 순간에 존재하는 그 사람의 진심입니다. 그래서 서로의 감정을 알고 싶어 하는 것이고, 감정을 상대에게 표현했을 때 속마음을 들킨 것 같은 느낌을 받는 것입니다. 감정을 대행해 주는 것은 오히려 상대방에게 자신의 에너지를 들이지 않겠다는 메시지가 될 수 있으므로, 역효과를 불러일으킬 수 있음을 기억하기 바랍니다.

6장

어떻게 해야
감정의 주인이
될 수 있을까요?

감정을 효과적으로 조절하는 단계

감정은 우리 삶에 영원한 친구이자 나침반이지만, 감정을 제대로 다루지 않으면 친구와 건강을 잃고 성적도 떨어지는 등 부정적인 영향을 받습니다. 따라서 감정이 주는 정보를 잘 처리하는 능력과 감정을 잘 다스리고 조절하는 능력은 우리 삶에 매우 중요합니다.

감정을 조절하는 것은 무조건 참고 억누르는 것이 아닙니다. 오히려 참고 억누른 채 그대로 두면, 감정은 느끼고 표현될 때까지 다양한 부정적 영향을 끼치게 될 것입니다.

감정을 제대로 조절하기 위해 필요한 방법들을 종합해 보면, 언제 어디서나 감정을 효과적으로 조절하는 4단계로 오른쪽 그림과 같이 정리됩니다.

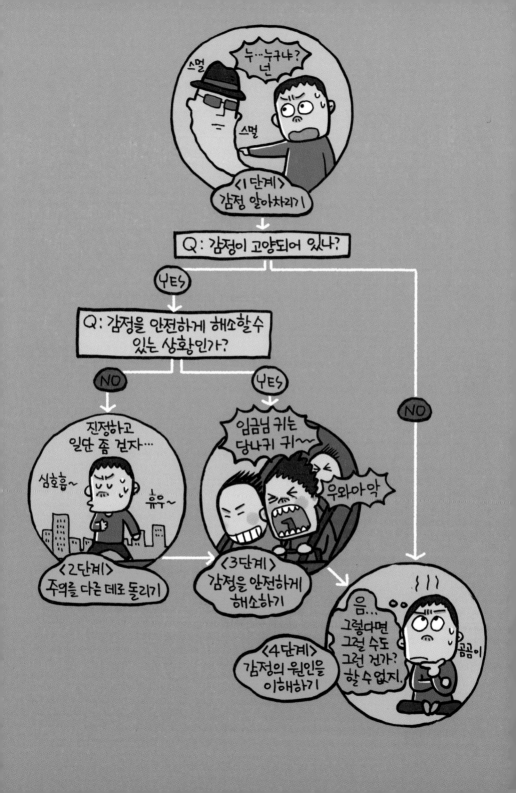

그럼 어떤 감정이든지, 어떤 상황이든지, 언제이든지 상관없이 감정을 효과적으로 조절하기 위해서는 어떤 과정을 밟아야 할까요? 어떻게 감정을 조절하면 좋을까요?

감정을 조절하는 과정의 맨 처음은 "1단계, 감정 알아차리기"입니다. 감정을 다스리기 위해서는 내가 무슨 감정을 느끼고 있는지 알아야 하기 때문입니다. 감정의 정체가 무엇인지 모를 때, 우리는 막연히 감정이 부담스럽고 버겁게 느껴지기도 하고 감정에게 휘둘릴 것만 같아 두렵기도 합니다. 그리고 감정이 화의 얼굴을 하고 있는지, 슬픔의 얼굴을 하고 있는지, 불안의 얼굴을 하고 있는지 알아야, 어떻게 해야 할지 판단할 수 있습니다.

1단계에서 내 감정이 무엇인지 알아차렸다면, 이제 감정을 마주하고 완전히 떠나보내기 위한 방법을 사용해야겠지요. 감정을 완전히 떠나보내기 위해서는 "3단계, 감정을 안전하게 해소하기"와 "4단계, 감정의 원인을 이해하기"의 두가지 방법을 반드시 사용해야 합니다. 일반적으로는 먼저 감정을 안전하게 해소한 다음에 감정의 원인을 이해하는 방법을 사용하는 것이 효과적입니다. 그러나 1단계에서 내 감정이 무엇인지 알아차린 다음, 그 감정이 얼마나 고양되어 있는지 확인하는 게 중요합니다. 그리 고양되어 있지 않다면 4단계로 바로 가도 괜찮습니다. 바로 4단계로 가서 감정의 원인을 이해하는 것만으로도 어느 정도 완화하고 떠나보낼 수 있기 때문입니다.

만약 감정이 고양되어 있다면, 반드시 3단계를 거쳐 감정을 안전하게 해소한 다음에 4단계로 가서 감정 조절을 하며 마무리해야 합니다. 하지만 감정을 마주하여 안전하게 해소하기 힘든 상황이라면, 2단계로 가서 주의를 다른 데로 돌리는 방법을 통해 일시적으로 감정을 완화시켜야 합니다. 물론, 감정을 일시적으로 완화시킨 다음에는 감정을 마주할 수 있는 상황을 찾아서 3단계와 4단계를 거쳐 감정을 완전히 떠나보내야 합니다. 이 두 가지 방법을 사용하지 않는다면, 감정은 감정 귀신이 되어 우리를 괴롭힐 것입니다.

감정을 안전하게 해소하는 방법들

감정이 발생했을 때 감정을 떠나보내는 방법은 오직 한 가지입니다. 그 감정을 느끼고 표현하는 것이지요. 감정을 그대로 느끼고 표현함으로써 감정을 해소시키고 떠나보낼 수 있습니다. 그런데 상대방이나 주변 사람들에게 짜증이나 신경질, 그리고 화를 내지 않으면서 어떻게 화를 느끼고 표현하여 해소할 수 있을까요? 어떻게 하면 부작용 없이 화를 안전하게 해소할 수 있을까요?

해소를 위한 표현은 그저 그 감정이 느껴지고 표현되는 대로 내버려 두는 것입니다. 감정을 느끼고 표현하는 과정에서는 굳이 상대방이나 친구 등의 주변 사람들이 필요하지 않습니다. 화가 나면 화를 느끼고 표현하면 됩니다. 슬프면 슬퍼하면서 온몸으로 슬픔이 표현되도록 내버려 두면 되지요.

이를 위해서는 먼저 여러분이 처한 상황을 살펴보아야 합니다. 그 감정을 느끼고 표현하기에 안전한 상황인지 말입니다. 상황을 고려하지 않고 아무 곳에서나 감정을 표현하면 오해를 불러일으킬 수 있습니다. 수업 시간에 펑펑 운다거나, 도서관에서 화를 낸다면 주변 친구들에게서 이상한 시선을 받고 부적절한 행동을 하는 아이로 낙인찍힐 수도 있습니다. 또한 상대를 고려하지 않고 자신의 감정을 표현하여 해소하려 한다면, 앞에서 얘기했던 수많은 부작용들이 생겨서 제대로 해소하기는커녕 관계가 틀어지고 더욱 기분이 나빠질 것입니다.

따라서 감정을 안전하게 표현하여 해소하기 위해서는 다

음의 세 가지 조건 중 적어도 하나를 만족해야 합니다. 그 것은 바로 안전한 상대에게 하거나, 안전한 상황에서 하거나, 안전한 방식으로 하는 것입니다.

❶ 안전한 상대에게 감정 해소하기

주변에 여러분이 어떤 감정을 표현해도 잘 들어 주고 이해해 주는 사람이 있나요? 친한 친구가 될 수도 있고, 선배가 될 수도 있으며, 선생님이나 가족이 될 수도 있습니다. 그 사람에게는 자신이 느끼는 화난 감정, 불안한 감정, 죄책감, 슬픔 등 어떤 감정을 느끼고 표현해도 수용해 주며 공감해 줍니다. 감정을 표현하는 것을 중간에 끊고 조언하거나 참견하지 않습니다. 충분히 표현하여 해소할 때까지 기다려 줍니다. 그러고 나면 필요한 조언을 해 줍니다. 그 사람과 있으면 안전하게 느껴지고 마음껏 내 감정을 표현할 수 있습니다. 만약 여러분의 곁에 이런 상대가 한 명이라도 있다면, 여러분은 행운아입니다.

❷ 안전한 상황에서 감정 해소하기

만약 안전한 상대가 곁에 없다면, 굳이 사람을 찾아 감정을 표현하려 하지 않아도 됩니다. 해소를 위한 표현은 혼자서 얼마든지 할 수 있기 때문입니다. 그러나 안전한 상황을 찾아야 합니다. 가장 안전한 곳은 다른 사람을 의식하지 않아도 되는 혼자 있는 공간입니다. 여러분만의 공간을 만들어 보세요. 자신의 방이 될 수도 있고, 동산 위 언덕이 될 수도 있습니다.

미다스는 그리스 로마 신화에 등장하는 왕입니다. 이 왕의 귀가 당나귀 귀처럼 생긴 것을 안 이발사는 너무나 당황스러웠고 우스웠습니다. 그러나 동시에 이 사실이 세상에 알려지면 자칫 죽을 수도 있다는 두려움에 떨어야 했습니다. 이 얘기와 감정을 누구에게도 표현할 수 없었던 이발사는 병이 나서 죽을 것만 같았습니다. 안 되겠다 싶어 결국 안전하게 표현할 수 있는 장소와 상황을 생각해 냈지요. 깊은 산속에서 구덩이를 파 놓고 거기에 대고 얘기하는 것이었습니다. 실컷 얘기를 하고 나니 속이 시원하고 기분도 좋아졌습니다. 물론 몸도 회복되었지요.

이처럼 여러분에게 안전한 장소나 상황에서 마음껏 감정을 표현해 보세요. 감정을 수월하게 표현하기 위해서 앞에 쿠션이나 바위 등 특정 사물을 두고, 그 사물에게 자신의 감정을 표현한다고 가정해 보세요. 화가 나면 실컷 화를 내보세요. 그러나 이때 반드시 자신의 감정을 소리 내어 말로

표현해야만 해소됩니다. 마음속으로만 느끼고 표현하는 것
으로는 감정을 해소시킬 수 없습니다.

"화가 나. 화가 나서 미치겠어."

"불안해. 긴장되고 불안해. 걱정되고 불안하단 말이야."

감정을 표현하면서 상대에 대해 비난을 해도 좋습니다.
심한 말을 퍼부어도 좋습니다. 혼자 있을 때는 무엇을 생각
해도 괜찮고 무엇을 말해도 괜찮습니다. 상대방에게 치명
적인 상처를 입히는 말과 행동까지도요.

표현하다 보면 몸이 무언가를 하고 싶은 충동이 일어날 수도 있습니다. 그때도 하고 싶은 대로 하세요. 쿠션을 때려도 좋고, 바위를 발로 차도 좋습니다. 슬프다면 마음껏 슬퍼하세요. 눈물이 나오는 대로, 소리 지르고 싶은 대로, 감정이 하고 싶은 대로 느끼고 표현해 보세요. 그 감정을 온몸으로 표현해 보세요.

· 감정 인형

여러분의 감정을 표현하도록 도와주는 상대인 '감정 인형'을 만드는 것도 효과적입니다. 이미 있는 인형들 중에 하나를 선택하거나, 새로 인형을 사서 이름을 붙이고 감정 인형의 역할을 주세요.

감정 인형은 언제나 여러분의 감정을 잘 들어 주고 표현하도록 도와주는 안전한 상대입니다. 여러분이 감정을 느낄 때마다 감정 인형에게 여러분의 감정을 그대로 표현해 보세요. 화가 심하게 나면 상대방이나 주변의 누군가에게 심한 말들을 퍼붓고 싶어집니다. 그럴 때 꾹 참았다가 얼른 감정 인형에게 가세요. 그리고 화난 감정을 그대로 느끼면서 풀릴 때까지 감정 인형에게 표현해 보세요. 감정을 표현하면서 올라오는 충동을 행동으로 표현하면 더욱 효과적입니다. 화가 날 때 공격하고 싶고 때리고 싶은 충동이 일어난다면, 감정 인형을 실컷 때려 주세요.

감정은 한 번 표현한다고 풀리는 것이 아닙니다. 감정마다 그 정도가 다르므로 주관적으로 시원해지고 해소되었다고 느껴질 때까지, 감정을 말로 그리고 몸으로 반복적으로 표현하는 것이 중요합니다. 그밖에 불안하거나 슬프거나 창피하거나 질투가 나거나 죄책감이 들 때도, 감정 인형에게 그 감정을 표현해 보세요. 감정 인형에게 표현하는 것만으로도 마음이 편안해지는 것을 느낄 수 있을 것입니다.

감정 인형을 이용할 때에는 다음 세 가지 방식으로 감정을 표현할 수 있습니다.

첫째, 감정 인형을 친구라고 생각하고 다른 사람에 대한 감정을 표현할 수 있습니다. 수지는 놀리고 장난치는 친구 예원이에게 굉장히 화가 났습니다. 수지는 감정 인형에게 화난 감정을 표현합니다.

"나 오늘 정말 화가 났어. 지금도 화가 나. 어떻게 내게 그렇게 말할 수 있니? 다른 친구들도 다 보는 자리에서. 정말 창피하고 화가 났어. 어디론가 숨고 싶었어."

둘째, 감정 인형을 화나게 한 친구라고 생각하고 감정을 표현할 수 있습니다.

"예원아. 오늘 정말 화가 났어. 어떻게 내게 그런 말을 할 수 있니? 그것도 아이들 다 보는 자리에서. 내가 얼마나 창피했는 줄 알아? 너무 창피해서 쥐구멍에라도 들어가고 싶었어. 네가 재미있다고 하는 얘기가 무척 속상하고 때로는 내게 큰 상처를 줘. 내 마음은 어떨지, 전혀 배려하지 않는 것 같아. 너 나빠, 정말."

수지는 자꾸 화가 치밀어 올라 때리고 싶어졌습니다. 그래서 감정 인형을 때리면서 분을 풀었습니다.

"화나. 너한테 정말 화가 나. 너 정말 나쁘단 말이야."

한참을 때리고 나니 속상해서 울고 싶어졌습니다. 수지는 그 자리에서 펑펑 울었습니다.

"앙~ 앙~ 정말 속상하단 말이야."

한참을 울고 나니 수지는 시원한 느낌이 들었고 마음이 풀리는 듯 했습니다.

"그래, 그럴 수 있지. 그래도 다음엔 그러지 말라고 예원이에게 내 감정을 꼭 전달해야겠다."

화난 감정을 해소한 수지는 자신이 어떤 감정을 느꼈는지, 무엇을 원하는지 예원이에게 전달하기로 결심했습니다.

셋째, 자신의 감정을 느낀 그대로 독백처럼 표현하는 방법입니다. 이때 감정 인형은 곁에서 들어 주는 역할을 합니다. 수지는 자신의 감정을 느끼며 혼잣말로 다음과 같이 표현합니다.

"아, 진짜 화가 나. 정말 화나. 예원이가 미워 죽겠어. 밉단 말이야. 정말 속상해. 친구들 앞에서 그렇게 날 바보로 만들다니. 정말 창피해. 친구들 얼굴을 어떻게 다시 보니? 아마 날 우습게 생각했을 거야. 예원이가 얄미워 죽겠어. 얄미워. 예원이가 정말 밉고 싫어. 싫다고."

수지는 예원이를 때려 주고 싶은 충동이 일어납니다. 감정 인형에게 때리면서 외칩니다.

"정말 나빠, 나빠. 못됐어. 너 미워!"

수지는 감정이 풀릴 때까지 인형을 때리며, 자신의 감정을 소리 내어 표현합니다.

❸ 안전한 방식으로 감정 해소하기

감정을 표현할 만한 안전한 상대도 곁에 없고, 안전한 상황도 쉽게 찾기 어려울 때가 많습니다. 말로 소리 내어 표현하기 어려울 때, 대신 할 수 있는 가장 좋은 방법은 글로 쓰는 것입니다. 글쓰기는 언제 어디서나 가능하고, 무엇을 하고 있는지 잘 드러나지 않기 때문입니다. 언제 어디서나 사용할 수 있는 글쓰기 도구로 휴대전화의 메모장이 있습니다. 버스나 지하철 안, 도서관, 학원에서도 사용이 가능하며, 친구들과 어울려 놀고 있을 때도 가능합니다.

글로 감정을 표현하는 것도 소리 내어 감정을 표현하는 것과 같습니다. 입술의 역할은 손가락이, 목소리의 역할은 글자가 대신합니다. 감정 인형에게 말로 했던 표현을 글로 바꾸어 하는 것뿐입니다. 이때 글짓기를 하듯이 주어와 동사를 맞추고, 오타에 주의하며 쓸 필요는 없습니다. 문장이 아니어도 상관없고, 오타투성이어도 상관없습니다. 누군가에게 보여 줄 것이라 생각하지 말고 글로 표현하세요. 마찬가지로 반드시 감정을 글로 표현해야 합니다.

"화가 나. 진짜 화나. 화가 나 미치겠어. 정말 속상해. 속상해. 진짜 나빴어. 아이들 앞에서 날 놀림거리로 만들다니. 모두들 날 비웃었을 거야. 진짜 창피해. 너무 창피해."

감정이 풀릴 때까지 자신의 감정을 글에 반복해서 써 보세요. 그러면서 함께 욕을 해도 좋고, 비난을 해도 좋습니다. 그렇게 감정을 표현하다 보면 마음이 가라앉고 풀리는 것을 느낄 것입니다. 더 이상 표현하고 싶지 않아집니다. 그럼 쓴 글을 절대로 다시 보지 말고 바로 삭제하세요. 찢어버리세요. 그것은 마치 변기에 실컷 토해 놓은 뒤, 뚜껑을 덮고 물을 내리는 의식과 같습니다.

다음에는 감정을 해소하는 데 효과적인 다양한 활동을 소개하겠습니다. 감정 해소의 효과가 있기 위해서는 반드시 활동을 하면서 해소하고자 하는 불쾌한 감정(예: 화, 슬픔, 불안, 수치심, 죄책감 등)을 떠올리고, 그대로 느끼면 서 그 감정을 밖으로 표현해서 드러내는 의식을 하듯 해야 합니다.

• 춤추기

신나는 음악을 틀어 놓고 화나거나 불쾌했던 감정을 떠올려 보세요. 그 감정을 밖으로 뿜어낸다고 생각하고 음악에 맞춰 몸을 흔들어 보세요. 몸을 통해 쌓인 감정을 밖으로 발산하듯 춤추는 것입니다. 당연히 춤은 막춤이 될 것입니다. 이때 중요한 것은 불안하거나, 화나거나, 슬프거나 한, 해소하고 싶은 감정을 떠올리고, 느끼며, 감정이 겉으로 표현하고 싶어 하는 대로 몸을 통해 춤으로 표현하는 것입니다. 그럴 때 감정이 효과적으로 해소됩니다.

• 노래 부르기

노래방에 가서 다른 사람을 의식하지 않고 해소하고 싶은 감정을 느끼면서 노래를 통해 밖으로 표출해 보세요. 슬플 때는 슬픈 노래를 불러 보고, 화날 때는 소리를 질러 대는 노래를 불러 보세요. 마찬가지로 중요한 것은 해소하고 싶은 감정을 떠올리고, 그대로 느끼면서, 노래를 통해 감정을 밖으로 표출해 내는 것입니다. 힙합, 락, 댄스곡

등이 감정을 해소하는 데 효과적입니다.

• 악기 연주하기

특히 드럼이나 내리칠 수 있는 타악기 종류는 화난 감정을 해소하는 데 효과적입니다. 피아노나 바이올린 등의 악기를 통해 불안이나 슬픔 등의 감정을 자유롭게 분출할 수도 있습니다.

• 권투, 검도 등 운동하기

몸을 격하게 쓰는 운동이 효과적입니다. 권투, 검도, 농구, 축구, 수영 등의 운동을 활용해 보세요. 권투나 검도와 같은 운동의 경우 샌드백을 치거나 검을 내리치는 행동은 화를 풀 때 효과적입니다.

• 신문지나 폐지 찢기

화난 대상을 떠올리며 "가만 안 두겠어", "갈기갈기 찢어 버릴 거야" 라면서 신문지를 반복해서 찢는 것도 효과적입니다.

• 그림이나 찰흙으로 표현하기

도화지나 신문지에 물감, 크레파스, 사인펜 등을 사용하여 마음껏 불쾌한 감정을 표현해 보세요. 찰흙을 활용하여 감정을 표현하고 분출할 수도 있습니다.

• 다트와 같은 게임 활용하기

다트와 같은 게임은 분노를 분출하는 데 효과적입니다. 또한 다양한 게임을 활용하여 자신의 화나 공격성을 표현하고 해소할 수도 있습니다. 단, 감정을 모두 해소한 다음에는 멈춰야겠지요?

감정의 원인을 이해하여 재발생 예방하기

감정을 느끼고 표현하여 해소하면 감정은 떠나갑니다. 그런데 어떤 감정이 생겼을 때 그 감정이 왜 생겼는지를 확인하지 않는다면, 얼마든지 다시 그 감정을 일으켰던 자극이나 대상, 상황을 만날 수 있습니다. 그러면 또 그 불쾌한 감정을 느껴야 하겠지요. 감정을 일으킨 자극이나 대상, 상황에 대해 똑같은 방식으로 평가한다면 그 불쾌한 감정이 똑같이 다시 생길 테니까요. 따라서 그 불쾌한 감정을 다시 느끼지 않으려면, 그 감정을 일으킨 원인을 이해해야 합니다.

감정의 원인을 이해하는 작업은 감정을 해소하여 떠나보낸 후에 하는 것이 바람직합니다. 왜냐하면 감정이 강하게 느껴지고 있을 때에는 생각을 담당하는 뇌의 부위가 억제될 수 있기 때문입니다. 따라서 감정의 원인을 파악하는 것

보다 일단 발생한 감정을 느끼고, 표현하여 감소시키고, 해소시켜서 떠나보내는 것이 먼저입니다. 그런 다음에 생각을 담당하는 뇌의 부위가 활발하게 작동할 수 있게 되면, 그 감정이 어떻게 해서 발생했는지, 무엇이 감정을 일으키는 자극이 되었는지, 그 자극에 대해 어떻게 생각해서 그런 감정을 느끼게 되었는지, 또한 그 감정을 느끼고 표현하는 과정을 통해서 어떻게 해소하게 되었는지, 지금 어떤 마음이 드는지 생각하고 정리하는 작업을 하는 것이 효과적입니다.

• 생각에 따라 달라지는 감정

똑같은 자극이나 상황에 대해서도 어떻게 생각하느냐에 따라 감정이 달라집니다. 예를 들어, 학교 복도를 지나가다가 어떤 친구와 어깨가 부딪혔습니다. 이때 세기는 '일부러 날 치고 간 거야'라는 생각이 들었습니다. 순간 화가 났습니다. 반면, 도현이는 '아이들이 많아서 우연히 부딪혔겠지'라는 생각이 들었고, 별로 기분이 나쁘지 않았습니다. 이처럼 특정 감정을 유발하는 것은 그 자극이나 상황 자체가 아니라, 그 자극이나 상황에 대한 생각에 달려 있는 것입니다. 감정이 생각에 달려 있다는 이 이론을 감정에 대한 인지매개모델이라고 부릅니다.

$$A(자극, 상황) \rightarrow B(생각) \rightarrow C(감정)$$

흔히 "네가 그렇게 하니까 내가 화가 나지", "저것이 나를 불안하게 해요", "어쩔 수 없어요. 동생이 자꾸 열 받게 하잖아요"라고 합니다. 그러나 이 말들은 모두 틀린 말입니다. 그 사람이 그렇게 해서 내가 그런 감정을 느끼는 것이 아니라, 그 사람의 행동에 내가 특정 해석을 했기 때문에 그 감정을 느끼게 된 것이니까요.

감정을 일시적으로 완화시키는 방법들

감정을 완전히 떠나보내고 다시 발생하지 않도록 하려면, 감정을 안전하게 해소하는 방법과 감정의 원인을 이해하는 방법 두 가지를 반드시 사용해야 합니다. 즉 감정과 마주하고 느끼며 감정이 원하는 것을 들어주어야 감정을 떠나보낼 수 있습니다. 또한 감정을 모두 떠나보낸 뒤, 그 감정이 어떻게 생겼는지 원인을 파악해야 다시 발생하지 않게 할 수 있습니다.

그런데 감정을 마주하기 어려운 상황이 많이 있습니다. 수업 시간에 집중해야 하거나, 시험을 보고 있는 상황이거나, 친구들과 어울려 노는 등의 활동을 하느라, 혼자만의 시간을 내어 감정을 마주하고 다룰 수 없는 상황이 발생합니다. 이렇듯 감정을 직접 만나서 떠나보내는 작업을 하기 힘든 경우를 생각해 봅시다. 화가 잔뜩 나 있거나, 심하게 불안하거나, 너무 슬퍼서 울음을 참을 수 없는 상태에서, 그대로 감정을 내버려 둔다면 어떻게 될까요?

감정 귀신은 느끼고 표현될 수 있도록 떼쓰고 끈질기게 영향을 미칠 것입니다. 먼저 주의를 온통 감정에게 쏠리게 하여 집중하기 힘들게 만듭니다. 수업 내용에 집중을 못하게 되거나, 시험을 보는 데 자꾸 딴 생각이 들어 실수를 하거나, 친구들의 얘기에 집중을 못하고 엉뚱한 말을 할 것입니다. 또한 갑자기 감정 귀신이 엄습해 오면서 사소한 일에 버럭 화를 내거나, 심하게 불안을 느끼거나, 자신도 모르게 울컥 눈물을 흘릴지 모릅니다. 선생님과 주변 친구들이 "쟤 왜 저러지?" 하며 오해를 하거나 이상하게 볼 수도 있습니다. 화, 불안, 슬픔 등의 감정 귀신이 밖으로 뛰쳐나오지 못하도록 참고 억누르려고 시도한다면, 가까스로 그 감정을 참느라 온통 에너지를 쏟게 되어 다른 곳에는 주의를 전혀 기울이기 어려울 것입니다. 처해 있는 수업 시간, 시험 시간, 친구들과의 시간을 모두 날리는 셈이 되겠지요.

그렇다면 어떻게 해야 할까요? 감정은 감정을 일으킨 자극에 주의를 기울이고 있기 때문에 그것에 반응해서 느껴지는 것입니다. 즉, 화난 일을 계속 생각하면 화가 날 것이고, 불안한 생각을 계속 떠올리면 불안할 것입니다. 또 슬픈 일에 주의를 기울이면 슬픈 감정이 올라올 것입니다. 만약 아무 생각 없이 벽을 보고 있다면, 별다른 감정을 느끼지 않겠지요. 유쾌한 오락 프로그램을 보고 있으면, 즐겁고 유쾌할 것입니다. 이처럼 감정을 조절하는 데는 주의가 중요한 역할을 합니다.

그러므로 감정을 마주하여 조절하기 어렵다면, 감정의 주의를 다른 곳으로 돌려서 감정 귀신의 영향에서 일시적으로 벗어나야 합니다. 물론 이 방법은 어디까지나 일시적인 효과만 있습니다. 감정은 언제든 기회를 노리며 요구를 충족하려 할 것이기 때문에, 안전하게 해소할 수 있는 상황이 된다면 반드시 감정을 완전히 떠나보내는 작업을 하기 바랍니다.

주의를 다른 데로 돌리는 방법은 굉장히 많은데, 그 성격에 따라 구분될 수 있습니다. 이 책에서 소개된 감정 다루는 방법들은 화, 불안, 슬픔 등의 감정 종류와 상관없이 적용 가능합니다. 여기서 성격별로 구분한 방법들 또한 어떤 감정에든지 적용할 수 있습니다. 다만, 좀 더 이해를 돕기 위해 때때로 특정 감정에 따른 구체적인 방법을 알려드리겠습니다.

❶ 다른 곳으로 생각을 돌리기

불쾌한 감정과 관련 없는 대상이나 상황에 대한 생각을 해 보세요. 무언가 집중해서 해야 하는 대상을 찾아도 좋습니다.

- 재미있는 소설책, 만화책, 잡지 등을 읽으세요. 이때 소리 내어 읽으면 더 효과적입니다.
- 인터넷 서핑을 해 보세요. 관심 있는 주제를 검색해서 읽어 보세요.
- 구구단을 외워 보세요.
- 양 한 마리부터 백 마리까지 세어 보세요.
- 100부터 1까지 거꾸로 세어 보세요.
- 친구들과 놀러 갈 계획을 세워 보세요. 어떤 게임을 할지, 무엇을 함께할지 궁리해 보세요.
- 취미 활동과 관련한 생각을 해 보세요. 좋아하는 음악이나 미술, 로봇 등에 대한 정보를 찾아보고 공부해 보세요.

❷ 위안이 되는 말을 반복해서 되뇌기

마음이 힘들 때, 자꾸 안 좋은 생각과 감정이 떠오를 때, 자신에게 위안이 되는 말을 반복해서 되뇌면 효과적입니다. 사람들마다 위안이 되는 말*이 다르니, 여러분에게 효과적인 말을 찾아서 휴대전화의 메모장이나 수첩에 적어 놓으세요. 그리고 기분이 안 좋을 때 되뇌며 감정이 괜찮아질 때까지 반복하세요.

> ★ **위안이 되는 말** '위안이 되는 말'의 목록은 저자의 저서 『나는 왜 감정에 서툴까』와 『정서조절코칭북』에 있는 목록을 수정하였다.

- 괜찮아. 괜찮을 거야.
- 아무 일도 일어나지 않을 거야.
- 이 또한 다 지나갈 거야.
- 그럴 수도 있지.
- 별 것 아니야.
- 시간이 해결해 줄 거야.
- 그 정도면 충분히 잘한 거야.
- 난 잘할 수 있을 거야.
- 나만 겪는 건 아니야.
- 아직 모든 게 끝난 게 아니야.
- 걱정한다고 문제가 해결되지는 않아.

- 이것은 최악의 상황이야. 더 이상 나빠지지 않을 거야.
- 후회해도 달라지지 않아.

❸ 기분 전환하는 활동하기

유쾌한 활동에 참여함으로써 불쾌한 기분에서 유쾌한 기분으로 전환하는 것도 효과적입니다. 특히, 슬프거나 무기력할 때 친구나 가족들을 만나 얘기를 하거나, 어울려 다양한 활동을 함께하는 것이 효과적입니다.

이 또한 자신에게 흥미를 돋우며 효과적으로 유쾌하게 기분을 전환시킬 수 있는 활동을 찾아 목록을 만드세요. 그래서 휴대전화의 메모장이나 수첩에 적어 놓고, 필요할 때 찾아서 해 보세요.

- 농구, 축구, 배드민턴, 수영 등 운동하기
- 야구, 축구, 배구, 농구 등 운동 경기 보고 응원하기
- 산책하기
- 신나는 음악 듣기
- 영화 보기
- 그림 그리기
- 사진 찍기

- 블로그 등 SNS 하기

- 친구들과 수다 떨기

- 맛있는 음식 먹기

- 피아노, 바이올린, 기타 등 악기 연주하기

- 드라마나 예능 프로그램 등 TV 보기

- 박물관이나 미술관 등 전시물 감상하기

- 뮤지컬, 연극, 콘서트 등 공연 보러 가기

- 요리하기

- 청소나 설거지하기

- 책상이나 방 정리하기

- 반신욕하기

- 쇼핑하기

- 놀이공원 가기

- 뜨개질하기

- 퍼즐 맞추기

❹ 심호흡하기

특히 긴장되고 불안할 때, 화가 많이 나 있을 때 가장 자주
사용되는 방법 중 하나입니다. 불안이나 화와 같은 강렬한
감정을 완화시킬 때 효과적이지요. 호흡과 같이 규칙적인

것에 주의를 계속 기울이면 효과적으로 감정이 풀어질 수 있습니다.

다음의 단계를 차례로 따라가 보세요.

1. 가능하다면 편안한 의자나 침대 등에 편안한 자세로 앉거나 누워 보세요. 언제 어디서나 심호흡법을 하는 데 익숙해지면, 바로 2번으로 갈 수 있습니다.

2. 호흡을 천천히 쉬어 보세요. 숨을 들이마실 때는 코로 들이마시고, 내쉴 때는 입을 살짝 벌려 길게 내쉬세요. 하나에 들이마시고, 둘에 길게 내쉬세요.

3. 이완될 때까지 계속 호흡에만 집중하면서 천천히 숨을 들이마시고 내쉬는 것을 반복하세요.

➏ 편안한 장소 떠올리기

특히 불안하거나 화가 날 때, 조용히 눈을 감고 편안함을 느끼는 장소나 즐겁고 행복했던 장면을 떠올려 보세요. 사람마다 마음을 편안하게 해 주는 장소나 장면이 다릅니다. 여러분의 장소를 찾아보세요. 어릴 때 자주 갔던 외갓집이 될 수도 있고, 가족과 함께 놀러 갔던 해변이나 계곡이 될 수도 있습니다. 또는 매체에서 봤던 지중해의

해변이 될 수도 있습니다.

다음의 단계를 차례로 따라가 보세요.

1. 눈을 감고 호흡에 집중해 보세요. 천천히 숨을 들이마시고 내쉬세요.

2. 호흡에 집중되었다면, 여러분에게 편안하고 즐거운 장소를 떠올려
   보세요. 그곳에 가서 주변을 둘러보고 느껴 보세요. 충분히 이완될
   때까지 그곳에 머물러 보세요.

3. 돌아올 때는 다시 호흡에 집중하세요. 이완된 상태를 유지하면서,
   천천히 눈을 뜨세요.

❻ 긴장 이완 훈련하기

특히 긴장되고 불안할 때 효과적으로 감정을 조절하는
방법입니다. 근육을 심하게 수축시켰다가 천천히 힘을 빼
줌으로써 이완을 유도하는 방법이지요.

다음의 단계를 차례로 따라가 보세요.

1. 가능하다면 편안한 자세로 앉아 보세요. 먼저 호흡에 집중하면서
   천천히 숨을 들이마시고 내쉬세요.

2. 양쪽 어깻죽지에 힘을 주어 귀밑까지 바짝 끌어올려 붙여 보세요.
   목 주변과 어깨, 뒷목덜미에 심하게 긴장이 느껴질 것입니다. 그 상

태를 계속 느끼며 일곱까지 세어 보세요. 힘을 뺄 때는 천천히 일곱을 세면서 힘을 빼 보세요. 양 어깨와 목, 머리 등이 이완되는 것이 느껴질 것입니다. 그 이완된 상태를 그대로 느껴 보세요.

3. 충분히 이완될 때까지 몸의 근육에 힘을 주었다 빼는 과정을 천천히 반복해 보세요.

감정의 원인을 찾아 다른 생각으로 바꾸기

감정의 원인이 되는 생각을 찾아서, 그 생각을 바꾸면 감정 또한 달라집니다. 특히, 불안한 감정이나 화난 감정을 완화시키거나 바꿀 때 효과적입니다. 불안하게 만든 걱정들이나 화나게 만든 생각들을 찾아서, 그렇게 생각할 만한지 타당성, 현실성, 유용성 등을 따져 보세요. 그리고 달리 생각해 보는 연습을 반복해 보세요.

지후는 민준이에게 주말에 함께 놀자고 제안했는데, 민준이는 당황해하면서 어렵겠다고 말했습니다. 순간 "뭐야, 지금 나랑 놀고 싶지 않은 거야? 나를 무시하는 거야?"라는 생각이 들었습니다. 그렇게 생각하니 민준이에게 섭섭했고 기분이 나빴습니다.

그럼 지후는 어떻게 달리 생각해 볼 수 있을까요?

"주말에 무슨 일이 있어서 나랑 놀 수가 없나 보다."

이렇게 생각하니 마음이 한결 편해졌습니다. 그렇습니다. 생각하기 나름인 것입니다. 달리 해석하는 연습을 해 보고, 상대방의 입장에서 있을 수 있는 다양한 사정을 생각하다 보면 불쾌했던 감정은 풀어질 수 있습니다.

그런데 막상 다른 생각을 떠올리려면 잘 생각나지 않습니다. 그럴 때는 다음과 같이 생각해 보세요.

- 친구가 이 상황에서 이런 생각을 한다고 가정해 보자. 나는 그 친구에게 뭐라고 조언을 해 줄 수 있을까?
- 내가 이 상황에서 정말로 원하는 것은 뭘까? 그 원하는 것을 이루는 데 어떻게 생각하는 것이 도움이 될까?

감정의 주인이 되기 위해 갖춰야 할 것

알라딘은 낡은 램프를 손에 쥐게 되는데, 우연히 램프를 닦는 순간 램프 속에서 거인이 나와 알라딘을 불렀습니다.

"주인님! 무엇을 도와 드릴까요?"

요술 램프의 요정 지니는 알라딘이 원하는 것은 무엇이든 이루어 주었습니다. 이 동화를 읽으며 한번쯤 "나도 무엇이든 이루어 주는 요술 램프의 지니를 갖고 싶어"라는 생각을 해 본 적이 있지 않나요?

우리 모두는 사실 요술 램프의 지니를 하나씩 가지고 있는 셈입니다. 다만 요술 램프를 어떻게 사용해야 할지, 어떻게 다루어야 할지 그 방법을 모르고 있을 뿐입니다. 우리가 원하는 것을 이룰 수 있도록 도와주는 요술 램프의 요정 지니는 바로 감정과 같습니다. 감정은 주인인 우리가 원하는 것을 이루도록 도와줄 수 있으니까요.

"엄마가 내 잘못에 화를 덜 내게 해 줘!"

"아영이와 친해지게 해 줘!"

"성적이 올랐으면 좋겠는데, 공부를 잘 하게 해 줘!"

"친구들에게 인기 있게 해 줘!"

이 모든 소원들은 바로 감정을 잘 활용하면 이룰 수 있습니다. 그렇다면 감정의 주인이 되기 위해서는 무엇을 갖추어야 할까요?

첫째, 감정을 바르게 이해할 줄 알아야 합니다. 요술 램프의 지니가 어떤 특성을 가졌는지 알아야, 지니의 주인으로서 잘 다룰 수 있을 테니까요. 결국 알라딘은 요술 램프

를 잃어버렸고 공주도 **빼앗기고** 말았습니다. 감정의 주인이 되길 원한다면, 감정의 정체와 속성을 이해하고 감정이 주는 정보와 메시지를 잘 파악할 줄 알아야 합니다.

둘째, 감정을 잘 다룰 수 있어야 합니다. 요술 램프의 지니처럼 원하는 정보를 주고 소원을 들어주지만, 감정은 그 대가로 우리에게 바라는 것이 있습니다. 바로 느끼고 표현되어 해소되는 것이지요. 또한 그 마음을 알아주지 않으면, 알아 달라고 신호를 보내고 급기야 온갖 심술을 부립니다. 우리는 감정을 어린아이 대하듯 마주보며 그 마음을 알아주도록 노력해야 하고, 적절한 상황에서 감정을 안전하게 해소해 줘야 합니다.

셋째, 감정이 원하는 것을 들어주기 힘들 때는, 다양한 방법으로 감정으로부터 주의를 다른 데로 돌려야 합니다. 마치 어린아이가 원하는 것을 해 달라고 떼를 쓰는데 도저히 그것을 당장 들어주기 힘들 때, 사탕이나 장난감을 주거나 다른 놀이를 제안해 아이의 주의를 다른 데로 돌리는 것처럼 말입니다. 그러면 감정도 잠시 떼쓰는 것을 멈추지요. 물론 이 방법은 어디까지나 일시적인 효과가 있을 뿐입니다. 사탕, 장난감과 놀이에 싫증이 나면 아이는 다시 원하는 것을 들어 달라고 떼를 쓰니까요.

감정은 그동안 여러분에게 어떤 존재였나요? 느껴질 때마다 당황스럽고 어떻게 해야 할지 몰라 불편하지는 않았나요? 부담스럽고 버거워서 외면하고 살지는 않았나요? 참고 억누르는 것이 최선이라 생각하고 꼭 참고만 있지는 않았나요? 때때로 불안에 휩싸이거나 화가 치밀어오를 때, 감정에 휘둘릴까 봐 무섭지는 않았나요? 화가 날 때는 주변 사람들에게 짜증이나 신경질을 내고, 무기력할 때는 아무것도 하지 않아 버리는 등 감정의 노예로 살지는 않았나요? 이 모든 것이 감정을 제대로 알지 못해서, 감정을 어떻게 대해야 할지 몰라서 했던 행동입니다.

우리는 감정과 늘 함께했음에도 불구하고, 감정이 우리에게 무엇을 해줄 수 있는지 알지 못했습니다. 감정 자체는 우리로 하여금 세상 안에서 살아남고 환경과 상황에 보다 적절히 반응하여 잘 적응할 수 있도록 돕는 존재입니다. 그때그때 우리에게 필요한 정보를 주고 어느 방향으로 가야 할지 안내해 주는 나침반 역할도 하지요. 늘 우리 곁에서 한결같이 함께하는 벗이기도 합니다. 알라딘의 요술 램프 요정 지니처럼 우리가 원하는 것을 이루도록 도와주기도 하지요.

또한 우리는 감정이 무엇을 원하는지 몰라서, 감정을 어떻게 다루어야 하는지 몰랐습니다. 무엇이든 얻는 게 있으면 잃는 게 있는 법입니다. 즉 감정에게 도움을 받는 게 있다면, 그 대가로 감정에게 주어야 하는 것도 있는 거지요. 감정이란 친구는 그저 느끼고 표현되어 해소되기를 원하고, 우리는 감정의 그 마음을 어린아이를 대하듯이 알아주고 달래주며 표현되도록 도와주면 됩니다. 그럼 감정은 다시 차분하고 편안해져, 조용히 우리 곁을 지키며 함께할 것입니다.

★감정에게 쓰는 편지 저자의 저서 『정서조절코칭북』의 '주인으로서 감정에 쓰는 편지'의 내용을 수정한 것이다.

감정에게 쓰는 편지★

이지영

난 더는 너를 겁내거나 두려워하지 않을 거야.
난 더는 너에게 휘둘리지 않을 거야.
난 더는 너에게 끌려다니는 노예가 되지 않을 거야.
난 예전에도 네 주인이었고 앞으로도 네 주인이야.
이제부터는 주인으로서 주인답게 행세할 거야.

주인으로서 너를 제대로 다룰 거야.

그렇다고 너를 억압하거나 통제하려는 것이 아니야.

너에게 관심을 두고 너를 이해하려 할 거야.

네가 무엇을 원하는지 귀 기울일 거야.

물론 네가 원하는 것을 그 즉시 해 줄 수 없을 때가 잦을 거야.

그건 네가 이해해 주길 바라.

그래도 여건이 마련되면, 너를 바라보고, 너의 마음을 듣고,

네가 원하는 것을 가능한 한 충족시켜 주도록 애쓸 거야.

우리 이제부터는 평생을 함께하는 벗으로서 잘 지내보자꾸나.